패턴으로 공부하는 리얼 영어회화 훈련

바로 바로
영어회화
1800
저자 Gloria Won

현재 우리나라에서는 비즈니스뿐 아니라 사회, 문화, 예술, 관광, 체육 등 다양한 분야에서 해외 협력사업이 진행되고 있습니다. 또한 외국으로 나가는 관광객이나 우리나라로 들어오는 외국인 관광객도 나날이 늘어나고 있습니다. 우리가 영어를 좋아하든지 싫어하든지 간에, 이미 영어는 우리 생활에 아주 가까이 있으며, 취업과 승진을 위한 가장 중요한 전략 중 하나가 되었습니다.

우리가 쓰고 있는 한국어는 토씨 중심어입니다. 주어와 목적어의 위치가 바뀌어도 뜻은 변하지 않지요. 하지만 영어는 위치 중심어입니다. 단어의 위치에 따라 역할이 바뀌는 구조로 되어 있습니다. 이렇게 구조적으로 다른 언어를 배운다는 것은 우리에게 어려운 일입니다. 하지만 방법이 없는 것은 아닙니다. 주어, 목적어 등의 문장 구성 요소가 위치에 따라 달라지기 때문에 일정 패턴만 알고 있으면 영어를 익히는 것이 그렇게 어렵지만은 않습니다.

여기에 우리가 일상에서 쉽게 접할 수 있는 패턴에 따라 많이 쓰이는 문장 1800개를 선정하였습니다. 이것들은 제가 10년 이상 미국에 살면서,

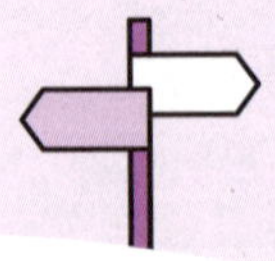

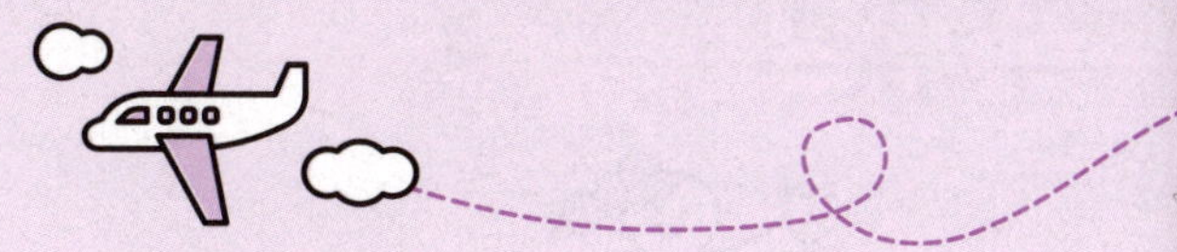

또 20년 이상 영어를 가르치면서 일상회화에 꼭 필요한 표현들을 모아 놓은 것입니다. 1800개의 패턴을 꾸준히 공부하고 응용하다 보면 자신도 모르게 영어가 향상되는 것을 느끼실 것입니다.

아기가 말을 배울 때에는 같은 말을 계속적으로 반복하면서 언어를 습득합니다. 이 책에 나온 표현들을 반복적으로 학습하다 보면 아이가 말문이 트이는 것처럼 자연스럽게 영어에 대한 응용력이 생길 것입니다.

통신의 발달로 세계가 점점 가까워지고 있습니다. 영어는 이러한 네트워크의 중심어이자 세계어입니다. 소통의 근간이 되는 영어를 독자 여러분의 것으로 만들기까지 아름다운 도전을 계속 하시길 바랍니다.

이 책이 나오기까지 도와주신 반석출판사와 한동훈 님, 박경원 님, Ms. Dee Ross, Mr. Kleven Daniel에게 감사의 마음을 전합니다.

글로리아 원

이 책의 구성 및 특징

활용에 중점을 둔 표현력 확장 프로그램

- ⭐ 영어 회화를 준비하는 **초급 및 중급자에게 최적화**된 교재
- ⭐ **네이티브의 발음**(pronunciation)이나 **억양**(intonation)에 중점을 둔 교재
- ⭐ 영어 회화는 물론 독해, 작문에 꼭 필요한 **빈출 핵심 1800문형** 제시
- ⭐ 회화 정복에 **필수적인 반복 연습**을 지루하지 않게 하는 구성
- ⭐ 관광 관련 학과나 동시 통역자에게 가장 호평받는 **패턴 학습법** 제공

Basic Expressions

주제별, 상황별, 장면별 영어 회화를 토대로 기초적인 표현부터 각종 질의·응답 요령까지 자신감 있게 접근할 수 있도록 구성하였다.

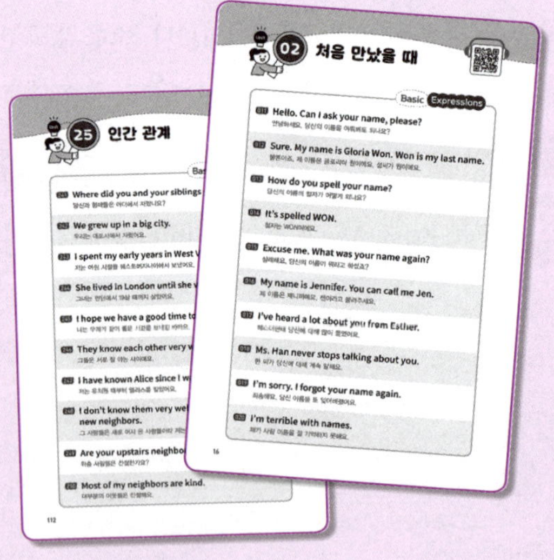

Pattern Drills

실용 영어에서 빈출되는 1800개의 문형을 중점적으로 반복 훈련하여 영어 회화를 정복해 보자. 본서의 기획 핵심은 대체형 반복연습으로 회화 실력을 비약적으로 향상시키고 여기 나오는 다양한 표현을 직접 응용할 수 있도록 하는 것이다.

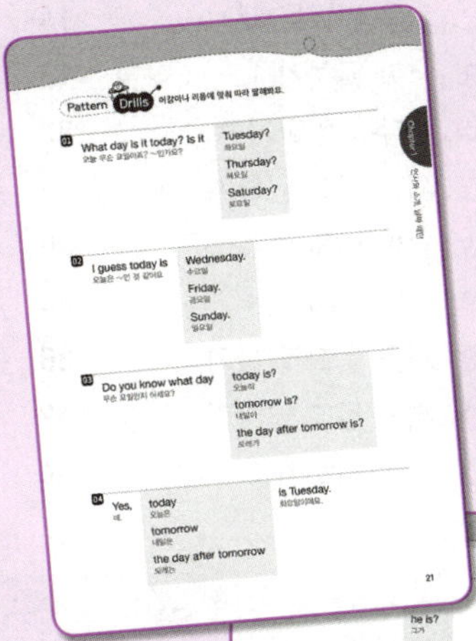
Pattern Drills

01 What day is it today? Is it — Tuesday? / Thursday? / Saturday?

02 I guess today is — Wednesday. / Friday. / Sunday.

03 Do you know what day — today is? / tomorrow is? / the day after tomorrow is?

04 Yes, — today / tomorrow / the day after tomorrow — is Tuesday.

21

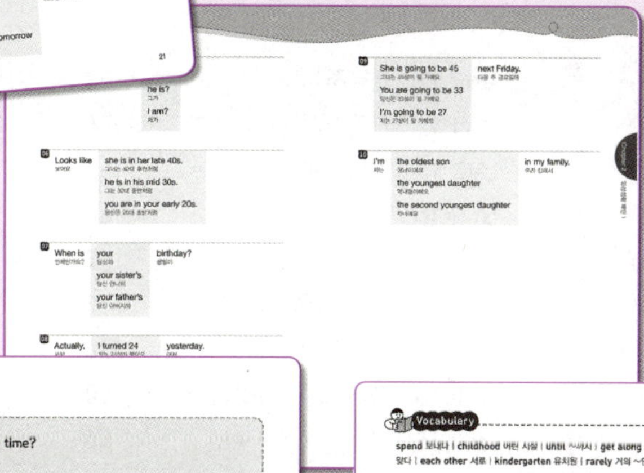
he is? / I am?

06 Looks like — she is in her late 40s. / he is in his mid 30s. / you are in your early 20s.

07 When is — your / your sister's / your father's — birthday?

08 Actually, — I turned 24 — yesterday.

09 She is going to be 45 / You are going to be 33 / I'm going to be 27 — next Friday.

10 I'm — the oldest son / the youngest daughter / the second youngest daughter — in my family.

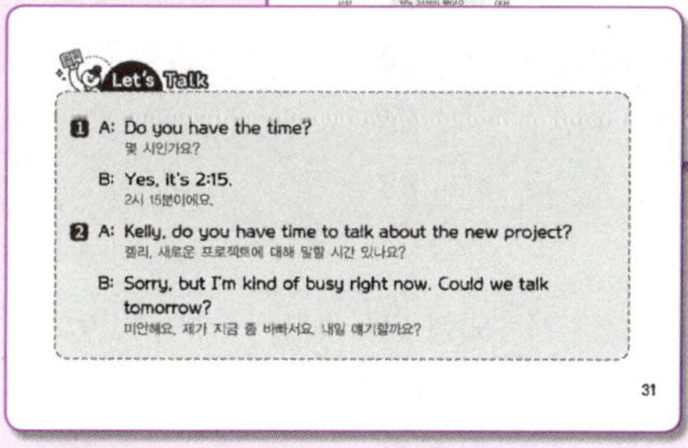
Let's Talk

1 A: Do you have the time?
몇 시인가요?
B: Yes, it's 2:15.
2시 15분이에요.

2 A: Kelly, do you have time to talk about the new project?
켈리, 새로운 프로젝트에 대해 말할 시간 있나요?
B: Sorry, but I'm kind of busy right now. Could we talk tomorrow?
미안해요, 제가 지금 좀 바빠서요. 내일 얘기할까요?

31

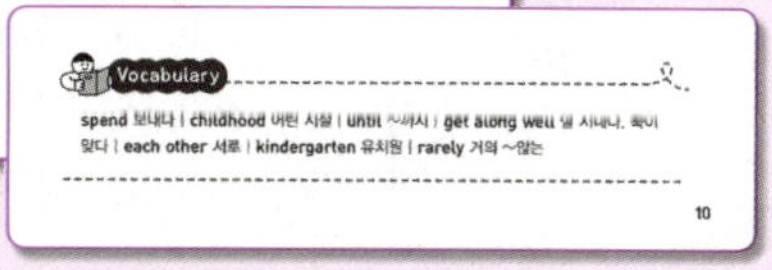
Vocabulary

spend 보내다 | childhood 어린 시절 | until ~까지 | get along well 잘 지내다, 화이 맞다 | each other 서로 | kindergarten 유치원 | rarely 거의 ~않는

10

Vocabulary

회화에 바로 쓸 수 있는 단어와 구문 정리

Let's Talk

실제 대화문을 통해 자연스러운 말하기 완성

차례

Chapter **1** 인사와 소개, 날짜 패턴

Chapter **2** 일상생활 패턴 1

Chapter **3** 일상생활 패턴 2

1

인사와 소개,
날짜 패턴

01 인사하기

001 **Hi! I'm Gloria.**
안녕하세요! 저는 글로리아입니다.(첫인사)

002 **I am Dave. I am glad to meet you.**
저는 데이브입니다. 만나서 반갑습니다.

003 **How are you?**
어떻게 지내시나요?

004 **Good.**
좋아요.

005 **What's up?**
별일 있나요?

006 **Not much.**
별일 없어요.

007 **How is everything?**
어떠세요?

008 **Great.**
잘 지내요.

009 **Hi! It's good to see you again.**
안녕하세요! 다시 보게 되어 좋네요.

010 **I haven't seen you for a long time.**
오랜만이에요.

Pattern Drills 어감이나 리듬에 맞춰 따라 말해봐요.

01

Hi!
안녕하세요!

I'm Gloria.
저는 글로리아입니다.

My name is Gloria.
제 이름은 글로리아입니다.

Please call me Gloria.
저를 글로리아라고 불러주세요.

02

I am Dave.
저는 데이브입니다.

I am glad to meet you.
만나서 반갑습니다.

I am pleased to meet you.
만나서 반갑습니다.

It is nice to meet you.
만나서 반갑습니다.

03

How are you?
어떻게 지내시나요?

How are you doing?
어떻게 지내시나요?

How is it going?
요즘 어떠세요?

04

Good.
좋아요.

Pretty good.
꽤 잘 지내요.

Couldn't be better.
더 이상 좋을 수 없이 잘 지내요.

05

What's | up?
있나요? | 별일

going on?
별일

new?
새로운 일

06

Not much.
별일 없어요.

Nothing special.
특별한 일은 없어요.

Nothing new.
새로운 일 없어요.

07

How is everything?
어떠세요?

How have you been?
그동안 어떻게 지냈어요?

How have you been doing?
그동안 어떻게 지냈어요?

08

Great.
잘 지내요.

Can't complain.
불평할 수 없을 만큼 잘 지내요.

Not so bad.
그렇게 나쁘지는 않아요.

09

Hi!
안녕하세요!

It's good to see you again.
다시 보게 되어 좋네요.

Long time no see!
정말 오랜만이네요!

When was the last time I saw you?
제가 당신을 마지막으로 본 게 언제였죠?

10

I haven't seen you
못 봤네요

for a long time.
오랫동안

for ages.
오랫동안

since high school.
고등학교 때 이후로

Vocabulary

glad 기쁜, 반가운 | **pretty** 꽤, 어느 정도; 예쁜 | **special** 특별한 | **complain** 불평하다

Basic Expressions

011 Hello. Can I ask your name, please?
안녕하세요. 당신의 이름을 여쭤봐도 되나요?

012 Sure. My name is Gloria Won. Won is my last name.
물론이죠. 제 이름은 글로리아 원이에요. 성씨가 원이에요.

013 How do you spell your name?
당신의 이름의 철자가 어떻게 되나요?

014 It's spelled WON.
철자는 WON이에요.

015 Excuse me. What was your name again?
실례해요. 당신의 이름이 뭐라고 하셨죠?

016 My name is Jennifer. You can call me Jen.
제 이름은 제니퍼예요. 젠이라고 불러주세요.

017 I've heard a lot about you from Esther.
에스더한테 당신에 대해 많이 들었어요.

018 Ms. Han never stops talking about you.
한 씨가 당신에 대해 계속 말해요.

019 I'm sorry. I forgot your name again.
죄송해요. 당신 이름을 또 잊어버렸어요.

020 I'm terrible with names.
제가 사람 이름을 잘 기억하지 못해요.

Pattern Drills 어감이나 리듬에 맞춰 따라 말해봐요.

01

Hello.
안녕하세요.

Can I ask
여쭤봐도 되나요?

May I ask
여쭤봐도 될까요?

May I have
알 수 있을까요?

your name, please?
당신의 이름을

02

Sure. My name is
물론이죠. 제 이름은

Gloria Won. Won is my last name.
글로리아 원이에요. 성씨가 원이에요.

Susan Kim. Kim is my last name.
수잔 김이에요. 성씨가 김이에요.

Michael Park. Park is my last name.
마이클 박이에요. 성씨가 박이에요.

03

How do you spell
철사가 어떻게 되나요?

your name?
당신의 이름은

her name?
그녀의 이름은

his name?
그의 이름은

04

It's spelled
철자를 써요

WON.
WON으로

PARK.
PARK으로

KIM.
KIM으로

05

Excuse me. What was
실례해요. 뭐라고 하셨죠?

your name   again?
당신의 이름이

her name
그녀의 이름이

his name
그의 이름이

06

My name is
제 이름은 ~예요

Jennifer.
제니퍼

Robert.
로버트

Thomas.
토마스

You can call me
~이라고 불러주세요

Jen.
젠

Bob.
밥

Tom.
탐

07

I've heard a lot about you
당신에 대해 많이 들었어요

from Esther.
에스더한테

from Grace.
그레이스한테

from my husband.
제 남편한테

08

Ms. Han never stops talking
한 씨가 계속 말해요

about you.
당신에 대해

about Brian.
브라이언에 대해

about her husband.
자신의 남편에 대해

16

09

I'm sorry. I forgot
죄송해요. 잊어버렸어요

your name
당신 이름을

your son's name
당신 아들의 이름을

her name
그녀의 이름을

again.
또

10

I'm terrible with names.
제가 사람 이름을 잘 기억하지 못해요.

I'm poor at remembering names.
제가 사람 이름을 잘 기억하지 못해요.

I'm not good at remembering names.
제가 사람 이름을 잘 기억하지 못해요.

Vocabulary

last name 성 | **spell** 철자를 말하다 | **poor at** ~에 서툴다

Unit 03 날짜 말하기 1

021 What day is it today? Is it Tuesday?
오늘 무슨 요일이죠? 화요일인가요?

022 I guess today is Wednesday.
오늘은 수요일인 것 같아요.

023 Do you know what day today is?
오늘이 무슨 요일인지 아세요?

024 Yes, today is Tuesday.
네, 오늘은 화요일이에요.

025 Is tomorrow Saturday, Tracy?
내일이 토요일인가요, 트레이시?

026 Yes, it is.
네, 그래요.

027 Children's Day falls on a Monday this year.
어린이날이 올해는 월요일이에요.

028 I was in the hospital for a couple of days in March.
저는 3월에 며칠 입원했어요.

029 How many days are there in February?
2월은 며칠이 있죠?

030 There are 29 days in February this year.
올해 2월은 29일이에요.

01

What day is it today? Is it
오늘 무슨 요일이죠? ~인가요?

Tuesday?
화요일

Thursday?
목요일

Saturday?
토요일

02

I guess today is
오늘은 ~인 것 같아요

Wednesday.
수요일

Friday.
금요일

Sunday.
일요일

03

Do you know what day
무슨 요일인시 아세요?

today is?
오늘이

tomorrow is?
내일이

the day after tomorrow is?
모레가

04

Yes,
네,

today
오늘은

is Tuesday.
화요일이에요.

tomorrow
내일은

the day after tomorrow
모레는

05

Is tomorrow
내일이

Saturday,
토요일인가요,

Monday,
월요일인가요,

Thursday,
목요일인가요,

Tracy?
트레이시?

06

Yes,
네,

it is.
그래요.

tomorrow is Saturday.
내일이 토요일이에요.

you got it.
맞아요.

07

Children's Day
어린이날이

Buddha's Birthday
석가탄신일이

Christmas
성탄절이

falls on a Monday this year.
올해는 월요일이에요

08

I
저는

One of my students
학생 한 명이

My pastor
교회 담임 목사가

was in the hospital for
입원했어요

a couple of days in March.
3월에 며칠

a couple of weeks in May.
5월에 몇 주

a couple of months in 2015.
2015년에 몇 개월

09

How many days are there
며칠이 있죠?

in February?
2월은

in June?
6월은

in July?
7월은

10

There are
~있어요

29 days in February this year.
올해 2월은 29일이

30 days in June.
6월은 30일이

31 days in July.
7월은 31일이

04 소유격 말하기

031 Do you have a pen?
펜을 갖고 계세요?

032 Yes, I have a pen. Here it is.
네, 펜이 있어요. 여기 있네요.

033 Does this notebook belong to you?
이 공책이 당신 것인가요?

034 Yes, it does. That CD player belongs to me.
네. 저 CD 플레이어는 제 거예요.

035 Is this tie yours?
이 타이가 당신 것인가요?

036 Yes, I guess so.
예, 그런 것 같아요.

037 I don't know how many clothes I have.
저는 옷이 몇 개 있는지 몰라요.

038 I have neither a TV nor a cell phone.
저는 TV도 휴대폰도 없어요.

039 He owns a farm in the countryside.
그 사람은 시골에 농장을 가지고 있어요.

040 He doesn't have a girlfriend.
그는 여자 친구가 없어요.

Pattern Drills  어감이나 리듬에 맞춰 따라 말해봐요.

01

Do you have
갖고 계세요?

a pen?
펜을

an iPad?
아이패드를

an eraser?
지우개를

02

Yes, I have
네, 있어요

a pen.
펜이

a calendar.
달력이

a whiteout.
수정액이

Here it is.
여기 있네요.

03

Does
인가요?

this notebook
이 공책이

this iPhone
이 아이폰이

this laptop computer
이 노트북 컴퓨터가

belong to you?
당신 것

04

Yes, it does.
네.

That CD player
저 CD 플레이어는

That ball
저 공은

That mirror
저 거울은

belongs to me.
제 거예요

05

Is this tie
이 타이가

Is this coat
이 코트가

Is this hat
이 모자가

yours?
당신 것인가요?

06

Yes,
예,

I guess so.
그런 것 같아요.

I think so.
그런 것 같아요.

I believe so.
그런 것 같아요.

07

I don't know how many
저는 몇 개 있는지 몰라요

clothes
옷이

CDs
CD가

books
책이

I have.

08

I have neither a TV nor
저는 TV도 ~없어요

a cell phone.
휴대폰도

a laptop computer.
노트북도

an iPad.
아이패드도

09

He owns	a farm	in the countryside.
그 사람은 소유하고 있어요	농장을	시골에
	an orchard	
	과수원을	
	a big house	
	큰 집을	

10

He doesn't have	a girlfriend.
그는 없어요	여자 친구가
	a BMW.
	BMW가
	a computer.
	컴퓨터가

Vocabulary

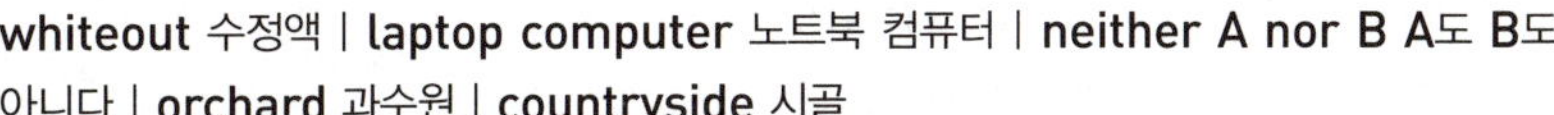

whiteout 수정액 | **laptop computer** 노트북 컴퓨터 | **neither A nor B** A도 B도 아니다 | **orchard** 과수원 | **countryside** 시골

041 What time is it now?
지금 몇 시죠?

042 It's two fifteen.
2시 15분요.

043 Can you tell me what time it is? My watch is dead.
몇 시인지 알려주시겠어요? 제 시계가 멈췄어요.

044 I don't know what time it is.
몇 시인지 모르겠어요.

045 It's 7 o'clock sharp.
7시 정각이에요.

046 The cafeteria doesn't open until 8:30 A.M.
구내식당은 오전 8시 30분까지 문을 열지 않아요.

047 Was he on time for the meeting yesterday?
그는 어제 회의 때 제시간에 왔나요?

048 Yes, he was on time.
네, 그는 제시간에 왔어요.

049 Will you be here at 9 o'clock tomorrow?
당신은 내일 9시에 여기 오나요?

050 I will get there on time.
저는 제시간에 거기 갈 거예요.

01

What time is it now?
지금 몇 시죠?

Do you have the time?
지금 몇 시죠?

Can you tell me the time?
지금 몇 시죠?

02

It's **two fifteen.**
2시 15분요

half past nine.
9시 반요

a quarter to eleven.
10시 45분요(11시 15분 전이요)

03

Can you tell me what time it is? My watch is
몇 시인지 알려주시겠어요? 제 시계가

dead.
멈췄어요

so slow.
너무 느려요

so fast.
너무 빨라요

04

I don't know **what time it is.**
모르겠어요 몇 시인지

I have no idea
모르겠어요

I'm not sure
모르겠어요

05

It's | 7 o'clock | sharp.
7시 | 정각이에요

1 o'clock
1시

4 o'clock
4시

06

The cafeteria | doesn't open until 8:30 A.M.
구내식당은 | 오전 8시 30분까지 문을 열지 않아요

The restaurant
그 식당은

The bank
그 은행은

07

Was he | on time | for the meeting | yesterday?
그는 | 제시간에 왔나요? | 회의 때 | 어제

Was she | | for the appointment
그녀는 | | 약속 때

Were you | | for the piano lesson
당신은 | | 피아노 레슨 때

08

Yes, | he | was on time.
네, | 그는 | 제시간에 왔어요

she
그녀는

I
나는

09

Will you
당신은

Will they
그들은

Will Gloria
글로리아는

be here at 9 o'clock tomorrow?
내일 9시에 여기 오나요?

10

I will get
저는 갈 거예요

They will arrive
그 사람들은 도착할 거예요

She will be
그 여자는 갈 거예요

there on time.
제시간에 거기에

Let's Talk

1 A: Do you have the time?
몇 시인가요?

B: Yes, it's 2:15.
2시 15분이에요.

2 A: Kelly, do you have time to talk about the new project?
켈리, 새로운 프로젝트에 대해 말할 시간 있나요?

B: Sorry, but I'm kind of busy right now. Could we talk tomorrow?
미안해요, 제가 지금 좀 바빠서요. 내일 얘기할까요?

Unit 06 날짜 말하기 2

051 Gloria, what is today's date?
글로리아, 오늘이 며칠인가요?

052 Today is January 15th.
오늘은 1월 15일이에요.

053 When was your sister born?
당신의 누나는 언제 태어났나요?

054 She was born on August 25th, 1982.
그녀는 1982년 8월 25일에 태어났어요.

055 Julie and I were born on the same day.
줄리와 저는 같은 날에 태어났어요.

056 I was born in Korea, but grew up in Canada.
저는 한국에서 태어났지만, 캐나다에서 자랐어요.

057 When was the last time you saw Harry?
당신이 해리를 마지막으로 본 게 언제인가요?

058 The last time I saw him was on May 22nd.
저는 그를 5월 22일에 마지막으로 봤어요.

059 What do you know about the ancient times?
고대에 대해 무엇을 아시죠?

060 How come you forgot our (wedding) anniversary?
우리 결혼기념일을 어떻게 잊을 수 있어요?

Pattern Drills 

어감이나 리듬에 맞춰 따라 말해봐요.

01

Gloria, what is today's date?
글로리아, 오늘이 며칠인가요?

Bill, what date is today?
빌, 오늘이 며칠인가요?

Kim, what's the date today?
킴, 오늘이 며칠인가요?

02

Today is
오늘은 ～이에요

January 15th.
1월 15일

May 3rd.
5월 3일

September 22nd.
9월 22일

03

When
언제

was your sister
당신의 누니는

born?
대이났나요?

was Mozart
모짜르트는

were you
당신은

04

She
그녀는

was born
태어났어요

on August 25th, 1982.
1982년 8월 25일에

He
그는

on January 27th, 1756.
1756년 1월 27일에

I
나는

on April 13th, 2005.
2005년 4월 13일에

 **05**

Julie and I
줄리와 저는

My husband and my son
제 남편과 아들은

Harry and Bill
해리와 빌은

were born on the same day.
같은 날에 태어났어요

 **06**

I was born in Korea, but grew up
저는 한국에서 태어났지만, 자랐어요

in Canada.
캐나다에서

in America.
미국에서

in the UK.
영국에서

 **07**

When was the last time you saw
당신이 마지막으로 본 게 언제인가요?

Harry?
해리를

Ron?
론을

Kelly?
켈리를

08

The last time I saw him was
저는 그를 마지막으로 봤어요

on May 22nd.
5월 22일에

on June 23rd.
6월 23일에

on November 30th.
11월 30일에

09

What do you know about
~에 대해 무엇을 아시죠?

the ancient times?
고대

the Middle Ages?
중세

the 17th century?
17세기

10

How come you forgot
어떻게 잊을 수 있어요?

our (wedding) anniversary?
우리 결혼기념일을

my birthday?
제 생일을

my graduation day?
제 졸업식 날을

Vocabulary

date 날짜 | **be born** 태어나다 | **grow up** 성장하다 | **ancient** 고대의 | **anni-versary** 기념일 | **graduation** 졸업

061 Come on in.
들어오세요.

062 Let's brush up on what we learned.
공부한 것을 복습해봅시다.

063 Where were we last time?
지난 시간에 어디까지 했죠?

064 We were on page 7.
7쪽까지 했습니다.

065 Let's get to work.
일합시다.

066 Do you guys follow me?
여러분, 이해하시나요?

067 Looks like you guys follow me well.
여러분이 잘 이해한 것처럼 보이네요.

068 You did well.
잘했어요.

069 Turn in your assignment by tomorrow.
과제를 내일까지 제출하세요.

070 Let's call it a day.
오늘은 그만합시다.

어감이나 리듬에 맞춰 따라 말해봐요.

01

Come on in.
들어오세요.

Have a seat.
앉으세요.

Open your books to page 20.
여러분 교재 20쪽을 펴세요.

02

Let's	brush up on	what we learned.
~합시다	복습	공부한 것을
	go over	
	복습	
	review	
	복습	

03

Where were we last time?
지난 시간에 어디까시 했죠?

What page did we stop on last time?
지난 시간에 몇 페이지까지 했죠?

Can anyone tell me where we stopped?
지난 시간에 어디까지 했는지 누가 말해줄래요?

04

We	were	on page 7.
우리는	했습니다	7쪽까지
	worked	
	했습니다	
	stopped	
	했습니다	

05 

Let's
~합시다

get to work.
일

get started.
시작

begin with Chapter 5.
5과부터 시작

---

06 

Do you guys follow me?
여러분, 이해하시나요?

Do you have any questions?
혹시 질문 있나요?

Do you have trouble understanding?
이해하는 데 문제 있나요?

07

Looks like
~처럼 보이네요

you guys follow me well.
여러분이 잘 이해하는 것

nobody has any questions.
아무도 질문이 없는 것

no one has any trouble understanding me.
아무도 이해하는 데 문제없는 것

08

You did
했어요

well.
잘

a good job.
잘

a great job.
잘

09

Turn in your
제출하세요

assignment
과제를

homework
숙제를

paper
리포트를

by tomorrow.
내일까지

10

Let's
~합시다

call it a day.
오늘은 그만

wrap things up.
그만

finish.
끝내도록

Vocabulary

have a seat 앉다 | **brush up** 공부를 다시 하다 | **last time** 지난 시간 | **follow** 따라가다; 이해하다 | **call it a day** 그만하기로 하다

사물 묻고 답하기

071 **Is this your wallet? I found it on the table.**
이것이 당신 지갑인가요? 테이블 위에서 발견했어요.

072 **No, that's not mine. It's Helen's.**
제 것 아니에요. 헬렌 거예요.

073 **Whose phone is this? Is it yours?**
이것은 누구 전화기인가요? 당신 건가요?

074 **Yes, it's mine.**
예, 제 것입니다.

075 **Which one is yours? The black one or the green one?**
어떤 것이 당신 것인가요? 검은색인가요? 아니면 녹색인가요?

076 **The green one is mine.**
녹색이 제 것입니다.

077 **Excuse me. Is this seat taken?**
실례합니다. 이 의자 누가 쓰나요?

078 **No, it's not taken.**
아뇨, 그것은 비었어요.

079 **I can't tell what is what.**
뭐가 뭔지 모르겠어요.

080 **My phone is pretty old, but yours is brand new.**
제 전화기는 꽤 구형인데, 당신 것은 완전 신제품이네요.

Pattern Drills 어감이나 리듬에 맞춰 따라 말해봐요.

01

Is this
이것이 ~인가요?

your wallet?
당신 지갑

your purse?
당신 가방

your phone?
당신 전화기

I found it on the table.
테이블 위에서 발견했어요.

02

No, that's not mine. It's
제 것 아니에요.

Helen's.
헬렌 거예요

Tom's.
탐의 거예요

my sister's.
제 언니 거예요

03

Whose phone is this?
이것은 누구 전화기인가요?

Whose umbrella is this?
이것은 누구 우산인가요?

Whose book is this?
이것은 누구 책인가요?

Is it yours?
당신 건가요?

04

Yes, it
예,

is mine.
제 것입니다

belongs to me.
제 것입니다

is my stuff.
제 물건입니다

05 Which | one | is yours? The black one or the green one?
어떤 | 것이 | 당신 것인가요? 검은색인가요? 아니면 녹색인가요?

pen
펜이

book
책이

06 The green one | is mine.
녹색이 | 제 것입니다

belongs to me.
제 것입니다

is my pen.
제 펜입니다

07 Excuse me. Is this seat | taken?
실례합니다. 이 의자 | 누가 쓰나요?

available?
써도 되나요?

occupied?
누가 쓰나요?

08 No, it's | not taken.
아뇨, 그것은 | 비어 있어요

not reserved.
비어 있어요

not occupied.
비어 있어요

09

I can't tell
모르겠어요

what is what.
뭐가 뭔지

who is who.
누가 누구인지

which one is which.
어떤 것이 어떤 것인지

10

My phone
제 전화기는

is pretty old, but
꽤 구형인데,

yours
당신 것은

is brand new.
완전 신제품이네요

My car
제 차는

hers
그녀 것은

Your TV
당신 TV는

mine
제 것은

Vocabulary

wallet 지갑 | pulse 작은 가방, 지갑 | mine 나의 것 | belong to ~의 것이다, ~에 속하다 | available 사용 가능한 | occupied 사용 중인 | brand new 완전 새것인

Unit 09 위치 묻고 답하기

081 What's in the bag?
가방 안에 뭐가 있죠?

082 There is a book in the bag.
가방 안에 책 한 권이 있어요.

083 Excuse me. Is there a bank near here?
실례합니다. 이 근처에 은행이 있나요?

084 Yes, there is one on Main Street.
네, 메인 거리에 하나 있어요.

085 Grace is sitting between Dee and me.
그레이스는 디와 제 사이에 앉아 있어요.

086 The trash can is right next to the fridge.
쓰레기통은 냉장고 바로 옆에 있어요.

087 Watch out for the cat sleeping under the car!
차 밑에 자고 있는 고양이 조심하세요!

088 These are my books. Where are yours?
이것들은 제 책이에요. 당신 것은 어디 있나요?

089 Don't worry. They must be somewhere in the office.
걱정 마세요. 사무실 안에 있을 거예요.

090 Your shirts are in the dresser.
당신의 셔츠는 옷장에 있어요.

Pattern Drills 어감이나 리듬에 맞춰 따라 말해봐요.

01

What's in ～안에 뭐가 있죠?	**the bag?** 가방 **the box?** 박스 **the car?** 차

02

There is ～있어요	**a book in the bag.** 가방 안에 책 한 권이 **a cat in the box.** 박스 안에 고양이 한 마리가 **nothing in the car.** 차 안에 아무것도 (없어요)

03

Excuse me. Is there 실례합니다. ～이 있나요?	**a bank** 은행 **a restroom** 화장실 **a Korean restaurant** 한국 식당	**near here?** 이 근처에

04

Yes, there is one 네, 하나 있어요	**on Main Street.** 메인 거리에 **across from McDonald's.** 맥도날드 맞은편에 **next to the bank.** 은행 옆에

 **Grace is sitting between**
그레이스는 ~사이에 앉아 있어요

Dee and me.
디와 저

us.
우리

James and his sister.
제임스와 그의 여동생

 **The trash can is right next to**
쓰레기통은 바로 ~옆에 있어요

the fridge.
냉장고

the air purifier.
공기 청정기

the water purifier.
정수기

 **Watch out for the cat sleeping under**
~밑에 서 자고 있는 고양이 조심하세요!

the car!
차

the stool!
의자 (등받이와 팔걸이가 없는)

the chair!
의자

These are
이것들은 ~이에요

my books.
제 책

Where are yours?
당신 것은 어디 있나요?

my pens.
제 펜

my notebooks.
제 공책

09

Don't worry. They must be somewhere in
걱정 마세요. ~안에 있을 거예요

the office.
사무실

the drawer.
서랍

the house.
집

10

Your shirts
당신의 셔츠는

Your ties
당신의 타이는

Your socks
당신의 양말은

are in the dresser.
옷장에 있어요

Vocabulary

across from ~맞은편에 | **next to** ~옆에 | **between** ~사이에 | **trash can**
쓰레기통 | **watch out for** ~을 조심하다, 경계하다 | **dresser** 옷장, 서랍장

10 직업 말하기

091 What do you do for a living?
무슨 일 하시나요?

092 I'm a business person.
저는 사업가입니다.

093 Where do you work?
어디에서 일하시나요?

094 I work at General Electronics.
저는 GE에서 일해요.

095 Are you currently employed?
당신은 현재 일하고 있나요?

096 No, I'm currently unemployed.
아뇨, 저는 요즘 쉬고 있어요.

097 What kind of business does your father have?
당신 아버지는 어떤 사업을 하시나요?

098 He has a Japanese restaurant.
그는 일식집을 하세요.

099 I don't see Jill these days. Is she on vacation?
요즘 질을 자주 못 보네요. 그녀는 휴가 중인가요?

100 Well, she resigned a month ago.
음, 그녀는 한 달 전에 퇴사했어요.

Pattern Drills 어감이나 리듬에 맞춰 따라 말해봐요.

 **01**

What do you do for a living?
무슨 일 하시나요?

What do you do?
무슨 일 하시나요?

What is your occupation?
무슨 일 하시나요? (직업이 뭔가요?)

 **02**

I'm
저는 ~입니다

a business person.
사업가

a student.
학생

a civil servant.
공무원

 **03**

Where do you work?
어디에서 일하시나요?

What company do you work for?
어떤 회사에서 일하시나요?

What business are you in?
어떤 사업에 종사하시죠?

 **04**

I work at General Electronics.
저는 GE에서 일해요.

I work for IBM.
저는 IBM에서 일해요.

I am in the distribution business.
저는 유통 사업을 합니다.

05

Are you
당신은 ~있나요?

currently employed?
현재 일하고

working these days?
요즘 일하고

looking for a job?
일을 구하고

06

No, I'm
아뇨, 저는

currently unemployed.
요즘 쉬고 있어요

(in) between jobs.
실직 상태에 있어요

not a job seeker. I am currently working.
구직자가 아닙니다. 일하고 있어요.

07

What kind of business does your father
당신 아버지는 어떤 사업을

have?
하시나요?

run?
하시나요?

own?
하시나요?

08

He
그는

has
하세요

runs
하세요

owns
하세요

a Japanese restaurant.
일식집을

09

I don't see Jill these days.
요즘 질을 자주 못 보네요.

Is she **on vacation?**
그녀는 ~건가요?   휴가 중인

on maternity leave?
출산 휴가 중인

working at a different branch?
다른 지점에서 근무하는

10

Well, she **resigned** **a month ago.**
음, 그녀는   퇴사했어요   한 달 전에

quit
그만뒀어요

got fired
해고됐어요

Vocabulary

civil servant 공무원 | **distribution** 분배, 유통 | **currently** 현재 | **between jobs** 실직 상태인 | **these days** 요즘 | **maternity leave** 출산 휴가 | **get fired** 해고되다

2

일상생활 패턴 1

권유하기

101 **Would you like to have a glass of water?**
물 한 잔 드시겠어요?

102 **Yes, please.**
네, 감사합니다.

103 **What would you like to order?**
무엇을 주문하시겠어요?

104 **I'll have a Coke.**
콜라 1잔요.

105 **Which one do you prefer, black tea or green tea?**
홍차나 녹차 중 어떤 것을 선호하세요?

106 **I'd rather have some water instead of coffee.**
커피 대신 물을 마실게요.

107 **Which phone would you like, this one or that one?**
어떤 전화기를 원하세요? 이거요, 아니면 저거요?

108 **It doesn't matter to me. Either one is fine with me.**
저는 상관없어요. 어떤 거든 괜찮아요.

109 **Let's go shopping.**
쇼핑하러 갑시다.

110 **That's a good idea.**
좋은 생각이에요.

Pattern Drills 어감이나 리듬에 맞춰 따라 말해봐요.

01

Would you like to have
드시겠어요?

a glass of water?
물 한 잔

a cup of green tea?
녹차 한 잔

some dessert?
후식 좀

02

Yes, **please.**
네, 감사합니다.

thank you.
감사합니다.

sure.
물론이죠.

03

What would you like to
무엇을 ·· 싶으세요?

order?
주문하고

have?
드시고

drink?
마시고

04

I'll have a Coke.
콜라 1잔요.

I'll have 2 coffees.
커피 2잔요.

I'll have 3 Fantas.
환타 3잔요.

05

Which one do you prefer,
어떤 것을 선호하세요?

black tea or green tea?
홍차 또는 녹차

coffee or tea?
커피 또는 차

hot chocolate or milk?
핫 초콜릿 또는 우유

06

I'd rather have some
마실게요

water
물을

wine
포도주를

juice
주스를

instead of coffee.
커피 대신

07

Which phone
어떤 전화기를

Which computer
어떤 컴퓨터를

Which one
어떤 것을

would you like, this one or that one?
원하세요? 이거요, 아니면 저거요?

08

It doesn't matter
상관없어요

to me.
저에게는

to us.
우리한테는

to Calvin.
캘빈에게는

Either one is fine
어떤 거든 괜찮아요

with me.
저에게는

with us.
우리에게는

with him.
그에게는

09

Let's go
갑시다

shopping.
쇼핑하러

to the movies.
영화 보러

see a play.
연극 보러

10

That's a good idea.
좋은 생각이에요.

That sounds great.
좋은 생각이에요.

(That) sounds good to me.
좋은 생각이에요.

Let's Talk

A: I think I should save up some money for my future.
미래를 위해 돈을 저축해야 할 것 같아.

B: Now you are talking. Why don't you sell those outdated
machines first and stop buying new gadgets?
이제야 말이 통하네. 먼저 저 오래된 기계들을 팔고 새 기계들을 사는 것 좀 그만하지 그래?

Unit 12 외국어에 관한 표현

111 **I don't understand Chinese.**
저는 중국어를 이해 못해요.

112 **I can speak Chinese.**
저는 중국어를 할 수 있어요.

113 **Does your mother speak Japanese?**
당신 어머니는 일본어를 하시나요?

114 **Yes, she speaks French fluently. Her mother tongue is French.**
네, 그녀는 프랑스어를 유창하게 말해요. 모국어가 프랑스어거든요.

115 **How many languages do your parents speak?**
당신의 부모님은 몇 개 국어를 하나요?

116 **My parents are bilingual, but I'm just monolingual.**
부모님은 2개 국어를 하시지만 저는 1개 국어만 할 줄 알아요.

117 **My sister speaks English a little (bit).**
제 언니는 영어를 조금 할 줄 알아요.

118 **She has an American accent.**
그녀는 미국식 발음을 해요.

119 **I have better speaking skills than writing skills.**
저는 작문 실력보다 회화 실력이 나아요.

120 **How's my English pronunciation? Is it OK?**
제 영어 발음은 어때요? 괜찮은가요?

어감이나 리듬에 맞춰 따라 말해봐요.

01

I don't understand
저는 이해 못해요

Chinese.
중국어를

French.
프랑스어를

Italian.
이탈리아어를

02

I
저는

My parents
부모님은

My friends
친구들은

can speak
할 수 있어요

Chinese.
중국어를

Spanish.
스페인어를

Portuguese.
포르투갈어를

03

Does your mother
당신 어머니는

Does your teacher
당신 선생님은

Does your wife
당신 아내는

speak
하시나요?

Japanese?
일본어를

German?
독일어를

Korean?
한국어를

05

Yes, she speaks
네, 그녀는 말해요

French fluently.
프랑스어를 유창하게

English perfectly.
영어를 완벽하게

Chinese well.
중국어를 유창하게

Her mother tongue is
그녀의 모국어가

French.
프랑스어거든요

English.
영어거든요

Chinese.
중국어거든요

06

How many languages
몇 개 국어를

do your parents
당신의 부모님은

speak?
하나요?

does Jill
질은

does Steve
스티브는

07

My parents are bilingual,
부모님은 2개 국어를 하시지만,

but I'm just monolingual.
저는 1개 국어만 할 줄 알아요.

My friend Jill is trilingual,
제 친구 질은 3개 국어를 하지만,

My friend Steve is multilingual,
제 친구 스티브는 다국어를 하지만,

08

My sister
제 언니는

My cousin
제 사촌은

My relative
제 친척은

speaks English a little (bit).
영어를 조금 할 줄 알아요

09

She has
그녀는 해요

an American
미국식

a British
영국식

a Canadian
캐나다식

accent.
발음을

10

I have better
저는 나아요

speaking skills
회화 실력이

reading skills
독해 실력이

listening skills
청취 실력이

than
보다

writing skills.
작문 실력

listening skills.
청취 실력

speaking skills.
회화 실력

11

How's my English pronunciation?
제 영어 발음은 어때요?

Is it OK?
괜찮은가요?

Is it alright?
괜찮은가요?

Is it understandable?
이해할 만한가요?

일상생활 1

121 What's going on?
별일 있나요?

122 I'm checking my e-mail.
저는 이메일 확인 중이에요.

123 Oh, I was going to step outside.
아, 저는 외출하려고 했어요.

124 What's your brother doing?
당신 동생은 뭐하고 있나요?

125 He is not doing anything right now.
그는 지금 아무것도 안 하고 있어요.

126 Where are you headed?
어디로 가세요?

127 I'm going downtown.
저는 시내에 가고 있어요.

128 What time do you usually get up?
주로 몇 시에 일어나나요?

129 I usually get up at 5 A.M.
저는 주로 오전 5시에 일어나요.

130 Guess who? I saw Jess on the way to school this morning.
제가 누구 봤는지 알아요? 오늘 아침 학교 가는 길에 제스를 봤어요.

01

What's going on?
별일 있나요?

What are you doing?
뭐하고 있어요?

What are you up to?
별일 있나요?

02

I'm **checking my e-mail.**
저는 이메일 확인 중이에요

talking with my student.
학생이랑 대화 중이에요

reading.
독서 중이에요

03

Oh, I was going to **step outside.**
이, 저는 했어요 외출하려고

call you.
당신에게 전화하려고

go to the gym.
헬스장에 가려고

04

What's **your brother** **doing?**
무엇을 당신 남동생은 하고 있나요?

your sister
당신 언니는

your father
당신 아버지는

05

He is not doing anything
그는 아무것도 안 하고 있어요

right now.
지금

She is not doing anything in particular
그녀는 아무것도 안 하고 있어요

They are not doing anything special
그들은 아무것도 안 하고 있어요

06

Where are you
어디로

headed?
가세요?

heading?
가세요?

going?
가세요?

07

I'm going
저는 가고 있어요

downtown.
시내에

home.
집에

to school.
학교에

08

What time do you usually
주로 몇 시에

get up?
일어나나요?

go to work?
출근하나요?

go to bed?
잠자리에 드나요?

09

I usually
저는 주로

get up at 5 A.M.
오전 5시에 일어나요

go to work at 6:30 A.M.
오전 6시 30분에 출근해요

go to bed at around 11 P.M.
오후 11시에 잠자리에 들어요

10

Guess who? I
제가 누구 봤는지 알아요?

saw
봤어요

bumped into
우연히 만났어요

came across
우연히 봤어요

Jess on the way to school this morning.
오늘 아침 학교 가는 길에 제스를

Vocabulary

gym 체육관, 헬스장 | **in particular** 특별히 | **downtown** 시내 | **get up** 일어나다 |
bump into ~와 우연히 마주치다 | **come across** ~와 우연히 만나다

나이에 관한 표현

131 **May I ask you how old you are?**
당신의 나이를 여쭤봐도 되나요?

132 **Sure. I am 25.**
네. 저는 25살이에요.

133 **I wonder how old Mr. Lee is. Is he in his 50s?**
이 씨가 몇 살인지 궁금하네요. 그는 50대인가요?

134 **I am not sure, but I think he is the same age as you.**
잘 모르겠어요, 제 생각에 그는 당신과 동갑인 것 같아요.

135 **How old do you think she is?**
그녀가 몇 살이라고 생각하세요?

136 **Looks like she is in her late 40s.**
그녀는 40대 후반처럼 보여요.

137 **When is your birthday?**
당신 생일이 언제인가요?

138 **Actually, I turned 24 yesterday.**
사실, 저는 어제 24살이 됐어요.

139 **She is going to be 45 next Friday.**
그녀는 다음 주 금요일에 45살이 될 거예요.

140 **I'm the oldest son in my family.**
저는 우리 집에서 장남이에요.

01

May I ask you how old
나이를 여쭤봐도 되나요?

you are?
당신

she is?
그녀

your father is?
당신 아버지

02

Sure.
네.

I am 25.
저는 25살이에요.

She is 53.
그녀는 53살이에요.

He is 62.
그는 62살이에요.

03

I wonder how old Mr. Lee is. Is he in his
이 씨가 몇 살인지 궁금하네요. 그는 ∼인가요?

50s?
50대

60s?
60대

70s?
70대

04

I am not sure, but I think
잘 모르겠어요, 제 생각에

he is
그는

she is
그녀는

I am
저는

the same age as you.
당신과 동갑인 것 같아요

05

How old do you think
몇 살이라고 생각하세요?

she is?
그녀가

he is?
그가

I am?
제가

06

Looks like
보여요

she is in her late 40s.
그녀는 40대 후반처럼

he is in his mid 30s.
그는 30대 중반처럼

you are in your early 20s.
당신은 20대 초반처럼

07

When is
언제인가요?

your
당신의

your sister's
당신 언니의

your father's
당신 아버지의

birthday?
생일이

08

Actually,
사실,

I turned 24
저는 24살이 됐어요

she turned 31
그녀는 31살이 됐어요

he turned 75
그는 75살이 됐어요

yesterday.
어제

09

She is going to be 45
그녀는 45살이 될 거예요

next Friday.
다음 주 금요일에

You are going to be 33
당신은 33살이 될 거예요

I'm going to be 27
저는 27살이 될 거예요

10

I'm
저는

the oldest son
장남이에요

in my family.
우리 집에서

the youngest daughter
막내딸이에요

the second youngest daughter
차녀예요

Vocabulary

the same age 동갑 | look like ~처럼 보이다 | in one's late 40s ~의 40대 후반
에 | oldest son 장남 | youngest daughter 막내딸

Unit 15 일상생활 2

141 **What time do you usually get up?**
당신은 주로 몇 시에 일어나세요?

142 **I usually get up at 5 A.M.**
저는 주로 5시에 일어나요.

143 **What do you usually do after you get up?**
기상 후에 주로 뭘 하세요?

144 **I usually take a shower.**
저는 주로 샤워를 해요.

145 **What do you usually have for breakfast?**
아침 식사는 주로 무엇을 드세요?

146 **I usually have toast with coffee for breakfast.**
저는 주로 토스트와 커피를 아침 식사로 먹어요.

147 **How many hours per day do you usually work?**
당신은 보통 하루에 몇 시간 일하나요?

148 **I work for 9 hours from 10 A.M. to 7 P.M.**
저는 10시부터 7시까지 9시간씩 일해요.

149 **Who do you usually have breakfast with?**
당신은 주로 누구와 아침 식사를 하나요?

150 **I usually have breakfast with my family.**
저는 주로 식구들과 아침 식사를 해요.

Pattern  Drills 어감이나 리듬에 맞춰 따라 말해봐요.

01

What time 몇 시에	do you 당신은	usually get up? 주로 일어나세요?
	do your parents 당신 부모님은	
	do you guys 당신들은	

02

I 저는	usually get up 주로 일어나요	at 5 A.M. 5시에
They 그들은		(at) around 7:30 A.M. 7시 30분쯤에
We 우리는		at 10 A.M. 10시에

03

What do you usually do after you get up?
기상 후에 주로 뭘 하세요?

What does your father usually do after he gets up?
기상 후에 당신 아버지께서는 주로 뭘 하세요?

What does Gloria usually do after she gets up?
기상 후에 글로리아는 주로 뭘 하나요?

04

I usually take a shower.
저는 주로 샤워를 해요.

He usually has breakfast.
그는 주로 아침 식사를 해요.

She usually brushes her teeth.
그녀는 주로 이를 닦아요.

05

What do you usually have
당신은 주로 무엇을 드세요?

for breakfast?
아침 식사로

for lunch?
점심 식사로

for dinner?
저녁 식사로

06

I usually have
저는 주로 먹어요

toast with coffee
토스트와 커피를

for breakfast.
아침 식사로

cereal
시리얼을

yogurt and granola
요거트와 그래놀라를

07

How many hours per day
하루에 몇 시간

do you
당신은

usually work?
보통 일을 하나요?

does Jack
잭은

do they
그들은

08

I work for 9 hours from 10 A.M. to 7 P.M.
저는 10시부터 7시까지 9시간 일해요.

He works for 8 hours from 9 A.M. to 5 P.M.
그는 9시부터 5시까지 8시간 일해요.

They work for 7 hours from 7 A.M. to 2 P.M.
그들은 7시부터 2시까지 7시간 일해요.

09

Who do you usually have
당신은 주로 누구와 하나요?

breakfast with?
아침 식사를

lunch
점심 식사를

dinner
저녁 식사를

10

I usually have
나는 주로 해요

breakfast with my family.
식구들과 아침 식사를

lunch with my co-workers.
동료들과 점심 식사를

dinner alone.
혼자 저녁 식사를

Let's Talk

1 A: Do you usually have breakfast?
당신은 주로 아침 식사를 하나요?

B: Yes. I usually have toast with coffee for breakfast.
네. 저는 주로 아침 식사로 토스트와 커피를 먹어요.

2 A: What do you usually do before you go to bed?
당신은 잠자리에 들기 전에 주로 무엇을 하나요?

B: Before going to bed, I usually read books to my son.
잠들기 전에 저는 주로 아들에게 책을 읽어줘요.

과거 표현 익히기 1

151 **Did you wake up late yesterday?**
어제 늦게 깼나요?

152 **No, I woke up earlier than usual.**
아뇨, 저는 평소보다 일찍 깼어요.

153 **You called me in the middle of the night, didn't you?**
당신은 한밤중에 제게 전화했죠, 그렇죠?

154 **I had lunch with my husband today.**
저는 오늘 남편과 점심을 먹었어요.

155 **As soon as the movie was over, I went straight home.**
영화가 끝나자마자 저는 곧바로 집으로 갔어요.

156 **After dinner, I watched TV and made some phone calls.**
저녁 식사 후에 저는 TV를 보고 몇 군데 전화를 했어요.

157 **I was so tired that I fell asleep right after I took a bath.**
저는 너무 피곤해서 목욕하고 나서 곧 잠이 들었어요.

158 **I was late for school because I didn't hear my alarm.**
저는 알람 소리를 못 들어서 학교에 지각했어요.

159 **What did you do after school?**
방과 후에 뭐했어요?

160 **After work, I stopped by the supermarket on the way home.**
퇴근 후 집에 오는 길에 슈퍼마켓에 들렀어요.

Pattern Drills 어감이나 리듬에 맞춰 따라 말해봐요.

01

| **Did you wake up** | **late yesterday?** |
| 깼나요? | 어제 늦게 |

Did you get up
일어났나요?

Did you go to bed
잠자리에 들었나요?

02

No, I | **woke up** | **earlier than usual.**
아뇨, 저는 | 깼어요 | 평소보다 일찍

got up
일어났어요

went to bed
잠자리에 들었어요

03

You | **called me** | **in the middle of the night, didn't you?**
당신은 | 저게 전화했죠 | 한밤중에, 그렇죠?

got home
집에 도착했죠

snuck out
몰래 나갔죠

04

I had lunch | **with my husband** | **today.**
나는 점심을 먹었어요 | 남편과 | 오늘

with a friend of mine
친구와

with my colleagues
동료들과

As soon as
~마자

the movie was over,
영화가 끝나자

I had dinner,
저녁을 먹자

I finished work,
일을 마치자

I went straight home.
저는 곧바로 집으로 갔어요.

After dinner, I
저녁 식사 후에 저는

watched TV
TV를 보고

read for a while
잠시 독서를 하고

played computer games
컴퓨터 게임을 하고

and made some phone calls.
몇 군데 전화를 했어요

I was so tired that I fell asleep right
나는 너무 피곤해서 곧 잠이 들었어요

after I took a bath.
목욕하고 나서

after I got home.
집에 도착하고 나서

after I lay down on the sofa.
소파에 앉은 후에

09

I was late for school
저는 학교에 지각했어요

because I didn't hear my alarm.
알람 소리를 못 들어서

because I overslept.
늦잠을 자는 바람에

because I woke up late.
늦게 깨는 바람에

10

What did you do
뭐했어요?

after school?
방과 후에

after dinner?
저녁 식사 후에

after work?
퇴근 후에

11

After work,
퇴근 후

I stopped by the supermarket on the way home.
집에 오는 길에 슈퍼마켓에 들렀어요.

I went out with Sally.
샐리와 데이트했어요.

I dropped by the bank to deposit some money.
돈을 입금하려고 은행에 들렀어요.

 **Vocabulary**

wake up 정신을 차리다, 깨다, 기상하다 | **go to bed** 잠자리에 들다 | **sneak out** 슬쩍 나가다 | **colleague** 동료 | **fall asleep** 잠이 들다 | **oversleep** 늦잠자다 | **stop by** 들르다 | **drop by** 들르다

161 Who did you meet last night?
어젯밤에 누구를 만났어요?

162 I went to see my ex-girlfriend tonight.
저는 오늘 밤 전 여자 친구를 만났어요.

163 Did you see Mr. and Mrs. Anderson last night?
당신은 어젯밤에 앤더슨 씨 부부를 만났나요?

164 No, I didn't see either of them. Neither of them came.
아뇨, 저는 두 사람 중 한 사람도 못 봤어요. 두 사람 다 안 왔거든요.

165 I ran into my ex-boyfriend yesterday.
저는 어제 우연히 전 남자 친구를 만났어요.

166 There were lots of things to talk about with him.
그 사람이랑 할 얘기가 많았어요.

167 We haven't seen each other in ages.
우리는 오랫동안 서로 못 봤어요.

168 I was stood up by Julie again.
저는 줄리에게 또 바람맞았어요.

169 You shouldn't stand him up again. Got it?
다시는 그를 바람맞히지 마세요. 알겠어요?

170 I asked her if she knew anyone in LA. She said she did.
제가 그녀에게 LA에 아는 사람이 있는지 물었더니 있다고 했어요.

Pattern Drills 어감이나 리듬에 맞춰 따라 말해봐요.

01

Who did you meet
누구를 만났어요?

last night?
어젯밤에

the night before last?
그저께 밤에

the other night?
요 전날 밤에

02

I went to see
저는 만났어요

my ex-girlfriend tonight.
오늘 밤 전 여자 친구를

a friend from college last night.
어젯밤 대학 친구를

my friend Jerry the other night.
요 전날 밤 친구 제리를

03

Did you
낭신은

Did they
그분들은

Did he
그가

see Mr. and Mrs. Anderson last night?
어젯밤에 앤너슨 씨 부부를 만났나요?

04

No,   I   didn't see either of them.
아뇨,   저는   두 사람 중 한 사람도 못 봤어요

they
그들은

he
그는

Neither of them   came.
두 사람 다   안 왔거든요

showed up.
안 왔거든요

made it.
안 왔거든요

05

I ran into   my ex-boyfriend   yesterday.
저는 우연히 만났어요   전 남자 친구를   어제

my ex-roommate
전 룸메이트를

one of my old friends
옛날 친구를

06

There were lots of things to talk about with him.
그 사람이랑 할 얘기가 많았어요.

There were lots of things to chat with him about.
그 사람이랑 할 얘기가 많았어요.

He and I had a lot to talk about.
그와 나는 할 얘기가 많았어요.

07 We haven't seen each other
우리는 서로 못 봤어요

in ages.
오랫동안

for ages.
오랫동안

for a long time.
오랫동안

08 I was stood up
나는 바람맞았어요

by Julie
줄리한테

again.
또

by her
그녀한테

by him
그 사람한테

09 You shouldn't stand him up again.
다시는 그를 바람맞히지 마세요.

Got it?
알겠어요?

Do you understand?
알겠어요?

Do you get it?
알겠어요?

10 I asked her
제가 그녀에게 물었어요

if she knew anyone in LA.
LA에 아는 사람이 있는지

if she knew anybody in Brisbane.
브리즈번에 아는 사람이 있는지

if she knew somebody in San Francisco.
샌프란시스코에 아는 사람이 있는지

She said she did.
그녀는 있다고 했어요.

Basic Expressions

171 **I used to get up early in the morning last year.**
저는 작년에는 아침 일찍 일어나곤 했어요.

172 **I seldom overslept last year. I got up at 5 o'clock sharp.**
저는 작년에는 거의 늦잠을 자지 않았어요. 5시 정각에 일어났어요.

173 **I used to begin work at 8 A.M. every day.**
나는 매일 8시면 일을 시작하곤 했어요.

174 **She used to go to bed early.**
그녀는 일찍 잠자리에 들곤 했어요.

175 **Dan and I used to go to many places together.**
댄과 나는 많은 곳을 같이 가곤 했어요.

176 **They used to go to the gym about once a week.**
그들은 일주일에 한 번 정도 헬스장에 가곤 했어요.

177 **I was very busy last week.**
지난주에 많이 바빴어요.

178 **Jennifer was in France for a couple of months last year.**
제니퍼는 프랑스에 작년에 몇 개월간 있었어요.

179 **There was a big church in the middle of the town.**
전에는 동네 한가운데에 큰 교회가 있었어요.

180 **My sister learned how to drive last year.**
언니는 작년에 운전하는 법을 배웠어요.

01

I used to	get up early in the morning	last year.
저는 ~곤 했어요	아침 일찍 일어나	작년에는
	stay up late at night	
	밤에 늦게 자	
	run every day for an hour	
	매일 한 시간씩 달리	

02

I	seldom	overslept last year.
저는	거의 ~않았어요	작년에는 늦잠을 자지
	hardly	
	거의 ~않았어요	
	rarely	
	거의 ~않았어요	

I got up at 5 o'clock sharp.
5시 정각에 일어났어요.

03

I used to	begin work at 8 A.M.	every day.
나는 ~곤 했어요	8시면 일을 시작하	매일
	start work at 9 A.M.	
	9시면 일을 시작하	
	finish work at 5 P.M.	
	5시면 일을 마치	

04

She used to go to bed
그녀는 잠자리에 들곤 했어요

early.
일찍

late.
늦게

quite late.
꽤 늦게

05

Dan and I
댄과 나는

used to go
가곤 했어요

to many places together.
많은 곳을 같이

frequently went
자주 갔어요

often went
종종 갔어요

06

They used to go
그들은 가곤 했어요

to the gym about once a week.
일주일에 한 번 정도 헬스장에

to the movies about twice a month.
한 달에 두 번 정도 영화관에

to church about three times a year.
일 년에 세 번 정도 교회에

07

I was
저는

very busy
많이 바빴어요

last week.
지난주에

very sick
많이 아팠어요

very depressed
많이 우울했어요

Jennifer was
제니퍼는 있었어요

in France
프랑스에

overseas
해외에

in the hospital
병원에

for a couple of months last year.
작년에 몇 개월간

There was
있었어요

a big church
큰 교회가

an old movie theater
오래된 영화관이

a university
대학이 하나

in the middle of the town.
동네 한가운데에

My sister learned how to　　drive　　last year.
언니는 ~하는 법을 배웠어요　　운전　　작년에

play golf
골프

swim
수영

19 거주

181 Where does Sherry live?
셰리는 어디에 사나요?

182 I live on University Boulevard.
저는 대학로에 살아요.

183 What's your address?
당신의 주소는 무엇인가요?

184 My address is 305 Wall Street.
제 주소는 월가 305예요.

185 He is my next-door neighbor.
그는 내 옆집 사람이에요.

186 You live in the suburbs, right?
당신은 교외에 살죠, 맞죠?

187 I'm from overseas. I've lived here just for a few days.
저는 해외에서 왔어요. 여기 산 지 며칠밖에 안 됐어요.

188 How long has Sally been living here?
샐리가 여기 산 지 얼마나 됐죠?

189 She's been living here for 15 years.
그녀는 여기 산 지 15년 됐어요.

190 I'm moving out tomorrow.
저는 내일 이사해요.

Pattern Drills 어감이나 리듬에 맞춰 따라 말해봐요.

01

Where 어디에	does Sherry 셰리는	live? 사나요?
	does your boyfriend 당신의 남자 친구는	
	do you 당신은	

02

I live on 저는 살아요	University Boulevard. 대학로에
	Fifth Avenue. 5번가에
	Wall Street. 월가에

03

What's 무엇인가요?	your address? 당신의 주소는
	your current address? 당신의 현주소는
	your permanent address? 당신의 본적은

04

My address is 제 주소는 ~예요	305 Wall Street. 월가 305
	427 University Drive. 대학로 427
	160 York Road. 요크가 160

05

He is · my next-door neighbor.
그는 · 내 옆집 사람이에요

my downstairs neighbor.
내 아래층 사람이에요

my upstairs neighbor.
위층 사람이에요

06

You live · in the suburbs, · right?
당신은 살죠 · 교외에 · 맞죠?

in the countryside,
시골에

in the city,
도시에

07

I'm from · overseas.
나는 ～에서 왔어요 · 해외

a foreign country.
외국

out of state.
다른 주

I've lived here just for · a few days.
여기 산 지 ～밖에 안 됐어요 · 며칠

a few weeks.
몇 주

a few months.
몇 달

How long
얼마나 오래 되었나요

has Sally
샐리가

have you
당신이

have you guys
당신들이

been living here?
여기 산 지

She's
그녀는

I've
저는

We've
우리는

been living here
여기 산 지

for 15 years.
15년 됐어요

for 6 years.
6년 됐어요

for 3 years.
3년 됐어요

09

I'm moving out
저는 이사해요

tomorrow.
내일

this Saturday.
이번 주 토요일에

in 2 weeks.
2주 후에

Basic Expressions

191 May I ask you a question?
뭐 하나 물어봐도 될까요?

192 Can I ask where you were last night?
지난밤에 어디에 있었는지 물어봐도 될까요?

193 What were you doing when I called you last night?
제가 지난밤에 전화했을 때 뭐하고 있었어요?

194 I was having dinner with my family.
식구들과 저녁 식사 중이었어요.

195 Do you mind if I smoke?
담배 피워도 되나요?

196 No, I don't mind.
네, 괜찮아요.

197 If you have any questions, ask me any time.
질문 있으면 언제든지 물어보세요.

198 I beg your pardon?
실례지만 뭐라고 하셨나요?

199 What did you say you heard this morning?
오늘 아침에 뭘 들었다고 했죠?

200 Could you tell me what she is saying?
그녀가 무슨 말을 하고 있는지 말씀해 주실래요?

Pattern Drills 어감이나 리듬에 맞춰 따라 말해봐요.

01

May I ask you
물어봐도 될까요?

a question?
질문 하나

a personal question?
개인적인 질문 하나

something?
뭐 좀

02

Can I ask where you
어디에(서) ~물어봐도 될까요?

were
있었는지

last night?
지난밤에

had dinner
저녁 식사를 했는지

went
갔는지

03

What were you doing when I
제가 ~했을 때 뭐하고 있었어요?

called you
전화

called you on the phone
전화

gave you a call
전화

last night?
지난밤에

04

I was
저는

having dinner with my family.
식구들과 저녁 식사 중이었어요.

watching TV with my cousin.
사촌과 TV를 보고 있었어요.

meeting a friend of mine.
친구를 만나고 있었어요.

05

Do you mind if I
되나요?

smoke?
담배 피워도

turn off the heater?
히터 꺼도

ask you a question?
질문 하나 드려도

06

No,
네,

I don't mind.
괜찮아요.

I don't.
괜찮아요.

not at all.
괜찮아요.

07

If you have any questions,
질문 있으면

ask me any time.
언제든지 물어보세요.

drop by my office any time.
아무 때나 제 사무실에 들르세요.

don't hesitate to ask me.
주저하지 말고 물어보세요.

08

I beg your pardon?
실례지만 뭐라고 하셨나요?

Pardon me?
실례지만 뭐라고 하셨나요?

Excuse me?
실례지만 뭐라고 하셨나요?

09

What did you say
뭐라고 했죠?

you heard
들은 것이

you did
한 것이

you saw
본 것이

this morning?
오늘 아침에

10

Could you tell me what she is
그녀가 ~것을 말씀해 주실래요?

saying?
말하고 있는

doing?
하고 있는

watching?
보고 있는

 **Vocabulary**

give a call 전화하다 | **smoke** 담배를 피우다 | **turn off** 끄다 | **hesitate** 주저하다

3

일상생활 패턴 2

외형 묘사하기

201 **What color is your car?**
당신 차는 무슨 색인가요?

202 **My car is bright red.**
제 차는 선홍색이에요.

203 **How much do you weigh?**
당신 몸무게가 어떻게 되나요?

204 **I weigh 60 kilograms.**
제 몸무게는 60킬로그램이에요.

205 **This square table weighs about 10 kilograms.**
이 사각 테이블의 무게는 10킬로그램 정도 됩니다.

206 **I like the color of the chair.**
이 의자의 색상이 마음에 들어요.

207 **Will you measure how wide the door is?**
이 문의 넓이를 재주실 수 있나요?

208 **This new door is just as wide as the old one.**
이 새 문은 예전 것만큼 넓습니다.

209 **What size skirt do you wear?**
당신이 입는 치마 사이즈가 어떻게 되나요?

210 **I wear size small.**
저는 스몰 사이즈 입어요.

01

What color is
무슨 색인가요?

your car?
당신 차는

your bag?
당신 가방은

your cell phone?
당신 휴대폰은

02

My car is bright red.
제 차는 선홍색이에요.

My bag is dark blue.
제 가방은 짙은 청색이에요.

My phone is white.
제 전화기는 흰색이에요.

03

How much
어떻게 되나요?

do you
당신

weigh?
몸무게가

does your baby
당신 아기

does your son
당신 아들

04

I weigh 60 kilograms.
제 몸무게는 60킬로그램이에요.

She weighs 30 kilograms.
그녀의 몸무게는 30킬로그램이에요.

He weighs 75 kilograms.
그의 몸무게는 75킬로그램이에요.

05

This square table
이 사각 테이블은

This round table
이 원탁은

This small table
이 소형 테이블은

weighs about 10 kilograms.
무게가 10킬로그램 정도 됩니다.

06

I like
마음에 들어요

the color
색상이

the shape
모양이

the size
크기가

of the chair.
의자의

07

Will you measure how
얼마나 ~재주실 수 있나요?

wide
넓은지

tall
높은지

big
큰지

the door is?
이 문이

08

This new door is just
이 새 문은 딱

as wide
넓습니다

as high
높습니다

as big
큽니다

as the old one.
저번 것만큼

09

What size	skirt 스커트	do you wear?
사이즈가 어떻게 되나요?	pants 바지	당신이 착용하는
	shoe 신발	

10

I wear	size small. 스몰 사이즈
저는 착용해요	size large. 라지 사이즈
	size medium. 미디엄 사이즈

Vocabulary

cell phone 휴대전화 | **weigh** 무게가 ～이다 | **shape** 모양 | **wide** 넓은

211 Could I ask you a favor?
부탁 좀 드려도 되나요?

212 Well, what is this request about?
음, 부탁이 뭐죠?

213 Would you give me some help?
도와주실래요?

214 Sure.
물론이죠.

215 Please, ask Jill to turn the TV on.
질에게 TV 좀 켜달라고 말해주세요.

216 Will you get me a nail from the garage?
차고에서 못 좀 가져다주실래요?

217 Please, don't talk to me right now.
지금 말 시키지 마세요.

218 Would you mind watering those plants for me?
저를 위해 저 화초들에 물 좀 주실래요?

219 I'm terribly sorry, but I can't help you right now.
죄송한데요, 지금 도와드릴 수가 없어요.

220 If you have time, will you drop by my office tomorrow?
시간 있으면 내일 제 사무실에 들러주시겠어요?

어감이나 리듬에 맞춰 따라 말해봐요.

01

Could I ask you a favor?
부탁 좀 드려도 되나요?

Could I ask a favor of you?
부탁 좀 드려도 되나요?

Could you do me a favor?
부탁 좀 드려도 되나요?

02

Well,   what is this request about?
음,   부탁이 뭐죠?

can you tell me more about this request?
부탁이 뭔지 자세히 말해주시겠어요?

what exactly do you want me to do if I accept?
부탁이 뭔지 정확히 말해주시겠어요?

03

Would you   give me some help?
노와주실래요?

give me a hand?
도와주실래요?

help me?
도와주실래요?

04

Sure.
물론이죠.

Certainly.
물론이죠.

Of course.
물론이죠.

05

Please, ask Jill to
질에게 말해주세요

turn the TV on.
TV 좀 켜달라고

turn on the TV.
TV 좀 켜달라고

turn off the TV.
TV 좀 꺼달라고

06

Will you get me
가져다주실래요?

a nail
못 좀

a ruler
자 좀

a drill
드릴 좀

from the garage?
차고에서

07

Please, don't
~마세요

talk to me
말 시키지

distract me
방해하지

interrupt me
방해하지

right now.
지금

08

Would you mind
~주실래요?

watering those plants
저 화초들에 물 좀

opening the door
문을 열어

doing the dishes
설거지 좀 해

for me?
나를 위해

I'm terribly sorry, but
죄송한데요

I'm afraid
죄송한데요

I'm sorry, but
죄송한데요

I can't help you right now.
지금 도와드릴 수가 없어요.

If you have time, will you
시간 되면, ~있나요?

drop by my office
제 사무실에 들르실 수

stop by my office
제 사무실에 들르실 수

drop in at my office
제 사무실에 들르실 수

tomorrow?
내일

favor 호의, 친절 | **request** 부탁, 요청 | **give a hand** 돕다, 거들다 | **nail** 못 |
distract 정신을 집중하지 못하게 하다 | **interrupt** 방해하다

Unit 23 길 묻기

221 Excuse me, Miss. Can you tell me where the post office is?
실례합니다, 아가씨. 우체국이 어디에 있는지 말씀해 주실 수 있나요?

222 The subway station is on the other side of the street.
지하철역은 이 길 반대편에 있습니다.

223 Excuse me. How can I get to the subway station (from here)?
실례합니다. 지하철역에 어떻게 가죠?

224 Keep walking until you get to the next traffic light.
다음 신호등이 나올 때까지 걸어가세요.

225 The movie theater is around the corner from the drugstore.
약국의 모퉁이를 돌면 영화관이 있어요.

226 Excuse me. Where is Hyde Park?
실례합니다. 하이드 공원이 어디죠?

227 The park is just next to the hotel. You can't miss it.
그 공원은 바로 호텔 옆에 있어요. 금방 찾으실 거예요.

228 It's a long drive to City Hall from here.
여기에서 시청까지 차로 가기에는 멀어요.

229 Where is the nearest restaurant?
근처에 가장 가까운 식당이 어디인가요?

230 Go that way for about a mile and turn right.
저 길로 1마일쯤 가다가 우회전하세요.

Pattern Drills 어감이나 리듬에 맞춰 따라 말해봐요.

01

Excuse me,
실례합니다,

Miss.
아가씨.

ma'am.
부인.

sir.
선생님.

Can you tell me where
어디에 있는지 말씀해 주실 수 있나요?

the post office is?
우체국이

the bank is?
은행이

the subway station is?
지하철역이

02

The subway station is
지하철역은 ~있습니다

on the other side of the street.
이 길 반대편에

4 blocks straight ahead.
4블록 똑바로 올라가면

3 miles away from here.
여기에서 3마일 정도 떨어져

03

Excuse me. How can I get to
실례합니다. 어떻게 가죠?

the subway station (from here)?
지하철역에

the movie theater (from here)?
영화관에

the convenience store (from here)?
편의점에

05

Keep walking until you get to the next traffic light.
다음 신호등이 나올 때까지 걸어가세요.

Turn right at the next traffic light.
다음 신호등에서 우회전하세요.

Turn left at the next traffic light.
다음 신호등에서 좌회전하세요.

06

The movie theater is
영화관은 ～있어요

around the corner
끼고 돌면

about half a mile
반마일 정도 가면

across the street
건너편에

from the drugstore.
약국에서

07

Excuse me. Where is
실례합니다. 어디죠?

Hyde Park?
하이드 공원이

City Hall?
시청이

Sydney Museum?
시드니 박물관이

08

The park is just
그 공원은 바로 ~있어요

next to the hotel.
호텔 옆에

around the corner.
모퉁이 근처에

between the bank and the church.
은행과 교회 중간에

You can't miss it.
금방 찾으실 거예요.

09

It's a long drive
차로 멀어요

to City Hall from here.
여기에서 시청까지는

It's a long way
먼 길이에요

It's a short distance
가까워요

10

Where is the nearest
근처에 ~이 어디 있나요?

restaurant?
식당

ATM?
현금 지급기

department store?
백화점

Go that way for about a mile and turn right.
저 길로 1마일쯤 가다가 우회전하세요.

Go down two blocks and turn right.
2블록 내려가서 우회전하세요.

Go straight three blocks and turn left.
3블록 쭉 가서 좌회전하세요.

가족 관계

231 Do you have any children?
자녀가 있으신가요?

232 Yes, I have 2 daughters.
네, 딸이 2명 있어요.

233 No. I don't have any children.
아뇨. 저는 애들이 없어요.

234 My sister (got) married in 2014.
언니는 2014년에 결혼했어요.

235 How long have your parents been married?
당신 부모님은 결혼하신 지 얼마나 됐어요?

236 They've been married for 50 years.
그들은 결혼한 지 50년 됐어요.

237 When are you two getting married?
당신들은 언제 결혼할 거예요?

238 We're getting married this coming Saturday.
우리는 다가오는 이번 주 토요일에 결혼해요.

239 My sister is going out with Clark.
언니는 클라크와 사귀고 있어요.

240 Jessica gave birth to twins yesterday.
제시카는 어제 쌍둥이를 낳았어요.

01

Do you have any
있으신가요?

children?
자녀가

brothers and sisters?
형제자매가

siblings?
형제자매가

02

Yes, I have
네, 있어요

2 daughters.
딸이 2명

3 siblings.
형제가 3명

2 brothers and a sister.
형 2명과 여동생 1명

03

No. I don't have any children.
아뇨. 지는 애들이 없이요.

No. I don't have any siblings.
아뇨. 저는 형제자매가 없어요.

I am an only child.
저는 외동입니다.

04

My sister
언니는

(got) married
결혼했어요

in 2014.
2014년에

My best friend
제일 친한 친구는

in 2008.
2008년에

My parents
부모님은

in 1992.
1992년에

05

How long	have your parents	been married?
얼마나 됐어요?	당신 부모님은	결혼한 지
	have you	
	당신은	
	have you guys	
	당신들은	

06

They've	been married for	50 years.
그들은	결혼한 지 ~됐어요	50년
I've		3 years.
저는		3년
We've		22 years.
저희는		22년

07

When are you two	getting married?
당신들은 언제	결혼할 거예요?
	going to tie the knot?
	결혼할 거예요?
	going to get hitched?
	결혼할 거예요?

08

We're getting married	this coming Saturday.
우리는 결혼해요	다가오는 이번 주 토요일에
We're going to tie the knot	
우리는 결혼해요	
We're going to be married	
우리는 결혼해요	

09

My sister
언니는

is going out with Clark. 클라크와 사귀고 있어요	
is seeing someone. 요즘 누군가를 만나고 있어요	
is not seeing anybody. 요즘 만나는 사람 있어요	

10

Jessica gave birth to
제시카는 낳았어요

twins 쌍둥이를	**yesterday.** 어제
a son 아들을	
a daughter 딸을	

sibling 형제자매 | **only child** 외동, 독자 | **tie the knot** 결혼하다 | **get hitched** 결혼하다 | **go out** 사귀다 | **give birth** 출산하다

Unit 25 인간 관계

241 **Where did you and your siblings grow up?**
당신과 형제들은 어디에서 자랐나요?

242 **We grew up in a big city.**
우리는 대도시에서 자랐어요.

243 **I spent my early years in West Virginia.**
저는 어린 시절을 웨스트버지니아에서 보냈어요.

244 **She lived in London until she was 19.**
그녀는 런던에서 19살 때까지 살았어요.

245 **I hope we have a good time together.**
나는 우리가 같이 좋은 시간을 보내길 바라요.

246 **They know each other very well.**
그들은 서로 잘 아는 사이예요.

247 **I have known Alice since I was in kindergarten.**
저는 유치원 때부터 앨리스를 알았어요.

248 **I don't know them very well because they are my new neighbors.**
그 사람들은 새로 이사 온 사람들이라 저는 그들을 잘 몰라요.

249 **Are your upstairs neighbors kind?**
위층 사람들은 친절한가요?

250 **Most of my neighbors are kind.**
대부분의 이웃들은 친절해요.

Pattern Drills 어감이나 리듬에 맞춰 따라 말해봐요.

01

Where did	you and your siblings	grow up?
어디에서	당신과 형제들은	자랐나요?
	Kate	
	케이트는	
	Scott	
	스콧은	

02

We	grew up	in a big city.
우리는	자랐어요	대도시에서
She		in a little country town.
그녀는		소도시에서
He		in the suburbs.
그는		교외에서

03

I spent	my early years	in West Virginia.
저는 보냈어요	어린 시절을	웨스트버지니아에서
	my early childhood	
	어린 시절을	
	my childhood	
	어린 시절을	

04

She lived	in London	until she was 19.
그녀는 살았어요	런던에서	19살 때까지
	in Florida	
	플로리다에서	
	in Sydney	
	시드니에서	

05

I hope   we have a good time together.
나는 바라요   우리가 같이 좋은 시간을 보내길

we get along well with each other.
우리가 서로 잘 지내길

we take care of each other.
서로 잘 지내길

06

They   know each other very well.
그들은   서로 잘 아는 사이예요

She and I
그녀와 저는

Most of us
우리들 대부분은

07

I have known Alice   since I was in kindergarten.
저는 앨리스를 알았어요   유치원 때부터

since 7th grade.
7학년 때부터

since high school.
고등학교 때부터

08

I don't know them very well because
저는 그들을 잘 몰라요

they are my new neighbors.
새로 이사 온 사람들이라

they have just moved in.
방금 이사 온 사람들이라

they rarely get out of their house.
집 밖으로 거의 나오지 않아서

Are your upstairs neighbors
위층 사람들은

kind?
친절한가요?

friendly?
상냥한가요?

noisy?
시끄러운가요?

10

Most of my neighbors are
대부분의 이웃들은

kind.
친절해요

friendly.
상냥해요

quiet.
조용해요

Vocabulary

spend 보내다 | childhood 어린 시절 | until ～까지 | get along well 잘 지내다,
죽이 맞다 | each other 서로 | kindergarten 유치원 | rarely 거의 ～않는

미래 표현 익히기 1

Basic Expressions

251 **When are you going to go to Europe?**
언제 유럽에 갈 거예요?

252 **I'm going to go to Europe next weekend.**
저는 다음 주말에 유럽에 갈 거예요.

253 **OMG! The meeting got cancelled. What will you do tomorrow?**
세상에! 회의가 취소됐어요. 내일 뭐할 건가요?

254 **I think I will talk to my boss.**
저는 상사와 얘기할 것 같아요.

255 **What are you and your friends having for lunch?**
당신하고 친구들은 점심으로 뭘 드실 건가요?

256 **We are having pizza for lunch.**
우리는 점심으로 피자를 먹을 거예요.

257 **Do you think you will be able to go to the movies tonight?**
당신은 오늘 밤 영화관에 갈 수 있나요?

258 **I think so.**
네, 그럴 거예요.

259 **What time are you going to get up tomorrow?**
내일 몇 시에 일어날 건가요?

260 **I'm going to get up at 5 A.M.**
저는 5시에 일어날 거예요.

01

When are you going to
언제 ~거예요?

go to Europe?
유럽에 갈

finish writing the book?
그 책 쓰는 것을 마무리할

throw a welcome party for Andy?
앤디를 위한 환영회를 열

02

I'm going to
저는 ~거예요

go to Europe
유럽에 갈

next weekend.
다음 주말에

finish writing it
집필을 끝낼

give a surprise party for him
그를 위해 깜짝 파티를 열

03

***OMG!**
세상에!

The meeting
회의가

got cancelled.
취소됐어요

The conference
학회가

The interview
인터뷰가

What will you do tomorrow?
내일 뭐할 건가요?

***OMG:** Oh My God의 약자

I think I will
저는 ~같아요

talk to my boss.
상사와 얘기할 것

tour around the city.
도시를 구경할 것

stay home.
집에 머무를 것

What are you and your friends having
당신하고 친구들 뭘 드실 건가요?

for lunch?
점심으로

for dinner?
저녁으로

for dessert?
후식으로

We are having
우리는 먹을 거예요

pizza for lunch.
점심으로 피자를

Korean food for dinner.
저녁으로 한식을

ice cream for dessert.
후식으로 아이스크림을

Do you think

you
당신은

Mike
마이크가

Janet and Mike
재닛이랑 마이크가

will be able to go to the movies tonight?
오늘 밤 영화관에 갈 수 있나요?

08

I think so.
네, 그럴 거예요.

I guess so.
네, 그럴 거예요.

I hope so.
네, 그럴 거예요.

09

What time are you going to
몇 시에 ~건가요?

get up.
일어날

be at work.
직장에 도착할

see the dentist.
치과 진료를 받을

10

I'm going to
저는 ~거예요

get up at 5 A.M.
5시에 기상할

get to work by 7 A.M.
7시까지 직장에 도착할

be at the dentist at 3 P.M.
3시에 치과에 갈

Let's Talk

A: Are you doing anything special tonight?
오늘 밤 특별한 계획 있어요?

B: No, not really.
아뇨.

Basic Expressions

261 **How's the weather in Tokyo today?**
도쿄의 오늘 날씨는 어떤가요?

262 **The weather is gorgeous today.**
오늘 날씨가 좋아요.

263 **What was the weather like yesterday? Rainy?**
어제 날씨는 어땠나요? 비가 왔나요?

264 **It was snowy all day yesterday.**
어제 하루 종일 눈이 왔어요.

265 **What is the weather going to be like this afternoon?**
오늘 오후 날씨가 어떨까요?

266 **It's going to rain this afternoon.**
오늘 오후에 비가 올 거예요.

267 **It will probably be sunny tomorrow.**
아마 내일 해가 날 거예요.

268 **It's getting warmer these days.**
요즘 날씨가 점점 따뜻해지고 있어요.

269 **It's freezing cold today. What's the temperature?**
오늘 얼듯이 추워요. 몇 도죠?

270 **The temperature is 17 degrees below zero.**
영하 17도예요.

Pattern Drills 어감이나 리듬에 맞춰 따라 말해봐요.

01

How's the weather / in Tokyo / today?
날씨는 어떤가요? / 도쿄의 / 오늘

in Sydney
시드니의

in Paris
파리의

02

The weather is / gorgeous / today.
날씨가 / 좋아요 / 오늘

awesome
기막히게 좋아요

beautiful
아름다워요

03

What was the weather like yesterday? / Rainy?
어제 날씨가 어땠어요? / 비가 왔나요?

Cloudy?
흐렸나요?

Sunny?
해가 났나요?

04

It was snowy / all day yesterday.
눈이 왔어요 / 어제 하루 종일

It was foggy
안개가 꼈어요

It was windy
바람이 불었어요

05

What is the weather going to be like
날씨가 어떨까요?

this afternoon?
오늘 오후

this Friday?
이번 금요일

this weekend?
이번 주말

06

It's going to
～거예요

rain this afternoon.
오늘 오후 비가 올

sleet this Friday.
이번 주 금요일에 진눈깨비가 올

snow this weekend.
이번 주말에 눈이 올

07

It will probably
아마 ～거예요

be sunny
해가 날

tomorrow.
내일

be cloudy
구름이 낄

clear up
날이 개일

08

It's getting
날씨가 점점

warmer
따뜻해지고 있어요

these days.
요즘

hotter
더워지고 있어요

colder
추워지고 있어요

 **09**

It's freezing cold
얼듯이 추워요

today. What's the temperature?
오늘. 몇 도죠?

It's sizzling hot
찌는 듯이 더워요

It's burning hot
불에 탈듯이 더워요

10

The temperature is
기온이

17 degrees below zero.
영하 17도예요

34 degrees Celsius.
섭씨 34도예요

100 degrees Fahrenheit.
화씨 100도예요

 **Let's Talk**

A: I just came back from grocery shopping.
나 지금 막 장 보고 왔어요.

B: How is the weather outside?
바깥 날씨는 어때요?

A: It's freezing cold. You should bundle up before going out.
얼듯이 추워요. 외출 전 완전 무장하세요.

Basic Expressions

271 **George, you said you weren't feeling well yesterday. How are you today?**
조지, 어제 몸이 좋지 않다고 했잖아요. 오늘은 좀 어떠세요?

272 **I don't know what's happening to me these days. I feel so awful.**
요즘 몸에 무슨 문제가 있는지 모르겠어요. 너무 안 좋아요.

273 **I felt so ill last night, but I'm feeling much better this morning.**
어젯밤에는 너무 아팠는데 오늘 아침은 훨씬 나아졌어요.

274 **I had a high fever yesterday. Fortunately, my fever went down, but I still have a sore throat.**
어제 고열이 났어요. 다행히 열은 떨어졌지만 아직도 목이 부었어요.

275 **My sister has a terrible stomachache.**
여동생이 복통이 심해요.

276 **His mother was diagnosed with pneumonia.**
그분 어머니는 폐렴 진단을 받았어요.

277 **What's wrong with you? You look pale.**
왜 그래요? 당신 창백해 보여요.

278 **I've got a slight pain in my chest.**
가슴에 약간의 통증이 있어요.

279 **I tripped and fell down the stairs. I think I sprained my ankle.**
저는 계단에서 걸려 넘어졌어요. 발목을 삔 것 같아요.

280 **I hope you feel better soon.**
곧 쾌차하시길 바랍니다.

Pattern Drills 어감이나 리듬에 맞춰 따라 말해봐요.

01

George, you said you weren't feeling well yesterday.
조지, 어제 몸이 좋지 않다고 했잖아요.

How are you today?
오늘은 좀 어떠세요?

How do you feel today?
오늘은 좀 어떠세요?

How are you feeling today?
오늘은 좀 어떠세요?

02

I don't know what's happening to me these days.
요즘 몸에 무슨 문제가 있는지 모르겠어요.

I feel so awful.
너무 안 좋아요.

I feel so terrible.
너무 안 좋아요.

I feel so exhausted.
너무 기진맥진해요.

03

I felt so ill last night,
어젯밤에는 너무 아팠는데,

I felt so blue last night,
어젯밤에는 너무 우울했는데,

I didn't feel good last night,
어젯밤에는 상태가 좋지 않았는데,

but I'm feeling much better this morning.
오늘 아침은 훨씬 나아졌어요.

 **04**

I had a high fever yesterday. Fortunately, my fever went down, but I still have
어제 고열이 났어요. 다행히 열은 떨어졌지만 아직도

a sore throat.
목이 부었어요

a migraine.
편두통이 있어요

a dry cough.
마른기침을 해요

 **05**

My sister has a terrible
여동생이 ～심해요

stomachache.
복통이

backache.
요통이

headache.
두통이

 **06**

His mother was diagnosed with
그분 어머니는 ～진단을 받았어요

pneumonia.
폐렴

tuberculosis.
결핵

stomach cancer.
위암

 **07**

What's wrong with you? You look
당신 왜 그래요? ~보여요

pale.
창백해

tired.
피곤해

sick.
아파

08

I've got
있어요

a slight pain
약간의 통증이

a severe pain
심한 통증이

a terrible pain
심한 통증이

in my chest.
가슴에

09

I tripped and fell down the stairs.
저는 계단에서 걸려 넘어졌어요.

I think I sprained
삔 것 같아요

my ankle.
발목을

my wrist.
손목을

my elbow.
팔꿈치를

10

I hope you
저는 바랍니다

feel better soon.
곧 쾌차하시길

get better soon.
곧 쾌차하시길

get well soon.
곧 쾌차하시길

일과 말하기

281 **I usually wake up around 6 A.M. in the morning.**
저는 주로 아침 6시쯤에 깨요.

282 **After getting up, I take a shower.**
일어난 후에, 저는 샤워를 해요.

283 **While taking a shower, I usually listen to music.**
샤워하면서, 저는 주로 음악을 들어요.

284 **After taking a shower, Grace usually brushes her teeth.**
샤워하고 나서, 그레이스는 주로 양치를 해요.

285 **I usually skip breakfast because I'm trying to lose some weight.**
저는 살을 빼야 해서 아침을 주로 걸러요.

286 **After breakfast, I get ready to go to work.**
아침 식사 후에, 저는 출근할 준비를 해요.

287 **Esther is too young to get ready to go to school by herself.**
에스더는 혼자 학교 갈 준비를 하기에는 너무 어려요.

288 **I usually feel hungry around 3 o'clock.**
저는 주로 3시쯤이면 배가 고파요.

289 **I usually go to bed around 10 P.M. and fall fast asleep.**
저는 주로 10시쯤이면 잠자리에 든 후 바로 잠이 들어요.

290 **I want to catch up some sleep on the weekends.**
나는 주말에 밀린 잠을 자고 싶어요.

어감이나 리듬에 맞춰 따라 말해봐요.

01

I usually 저는 주로	wake up 깨요	around 6 A.M. in the morning. 아침 6시쯤에
	get up 일어나요	
	get out of bed 일어나요	

02

After getting up, I 일어난 후에, 저는	take a shower. 샤워를 해요
	brush my teeth. 양치를 해요
	have breakfast. 아침을 먹어요

03

While taking a shower, I usually 샤워하면서, 서는 주로	listen to music. 음악을 들어요
	sing. 노래를 불러요
	shave. 면도를 해요

04

After taking a shower, Grace usually 샤워하고 나서, 그레이스는 주로	brushes her teeth. 양치를 해요
	combs her hair. 머리를 빗어요
	puts on makeup. 화장을 해요

05

I usually skip
저는 주로 걸러요

breakfast
아침을

lunch
점심을

dinner
저녁을

because I'm trying to lose some weight.
살을 빼야 해서

06

After breakfast, I
아침 식사 후에, 저는

get ready to go to work.
출근할 준비를 해요

get dressed.
옷을 입어요

help my kids to go to school.
애들 학교 가는 것을 도와줘요

07

Esther is too young to
에스더는 너무 어려요

get ready to go to school
학교 갈 준비를 하기에는

fix breakfast
아침 요리를 하기에는

get dressed
옷을 입기에는

by herself.
혼자

08

I usually feel hungry
나는 주로 배가 고파요

around 3 o'clock.
3시쯤이면

before I go to bed.
잠자리 들기 전에

after I work out at the gym.
운동하고 나면

09

I usually go to bed around 10 P.M. and
저는 주로 10시쯤이면 잠자리에 든 후

fall fast asleep.
바로 잠이 들어요

sleep like a baby.
단잠을 자요

start snoring right away.
코를 골기 시작해요

10

I want to
나는 ~싶어요

catch up some sleep
밀린 잠을 자고

on the weekends.
주말에

sleep in
늦잠을 자고

sleep until late
늦잠을 자고

Vocabulary

take a shower 샤워하다 | shave 면도하다 | comb 빗, 빗다 | get dressed 옷을
입다 | by oneself 혼자

291 **What do you think of my suggestion?**
제 제안에 대해 어떻게 생각하세요?

292 **I'd like to hear your honest opinion.**
당신의 솔직한 의견을 듣고 싶은데요.

293 **In my opinion, that's a wonderful idea.**
제 의견으로는, 좋은 생각인 것 같아요.

294 **What do you think? Am I correct?**
어떻게 생각하세요? 제가 맞나요?

295 **You're partly right.**
당신이 부분적으로 맞아요.

296 **I think you're wrong.**
당신이 틀렸다고 생각해요.

297 **I'm afraid you were wrong about that.**
죄송하지만, 당신이 틀렸어요.

298 **I love your hat.**
당신 모자가 멋져요.

299 **Frankly speaking, the hat doesn't look good on you.**
솔직히 말해서, 그 모자는 당신한테 안 어울려요.

300 **I prefer literature to history.**
저는 역사보다 문학을 선호해요.

01

What do you think of
~에 대해 어떻게 생각하세요?

my suggestion?
제 제안

the new project?
새로운 프로젝트

his proposal?
그의 제안

02

I'd like to hear your
당신의 ~듣고 싶은데요

honest
솔직한

frank
솔직한

professional
전문가적

opinion.
의견을

03

In my opinion, that's
제 의견으로는,

a wonderful idea.
좋은 생각인 것 같아요

a good idea.
좋은 생각인 것 같아요

a great idea.
좋은 생각인 것 같아요

04

What do you think? Am I
어떻게 생각하세요? 제가

correct?
맞나요?

right?
맞나요?

incorrect?
틀렸나요?

05

You're	partly	right.
당신이	부분적으로	맞아요
	absolutely	
	절대적으로	
	completely	
	완벽히	

06

I think | you're wrong.
생각해요 | 당신이 틀렸다고

they're mistaken.
그 사람들이 틀렸다고

she's right.
그녀가 맞다고

07

I'm afraid you | were wrong about that.
죄송하지만, 당신이 | 틀렸어요

made a mistake.
실수한 거예요

didn't do it right.
잘하지 못했어요

08

I love | your hat.
멋져요 | 당신 모자가

your outfit.
당신 의상이

your tie.
당신 타이가

09

Frankly speaking,
솔직히 말해서,

Actually,
솔직히 말해서,

To be honest with you,
솔직히 말해서,

the hat doesn't look good on you.
그 모자는 당신한테 안 어울려요.

10

I prefer	literature	to history.
저는 선호해요	문학을	역사보다
	music	
	음악을	
	mathematics	
	수학을	

A: Frankly speaking, you and I ate too much. I have a food baby now.
솔직히 말해서 너랑 나랑 너무 많이 먹었다. 내 배가 많이 나왔어.

B: Sorry. I made you eat with me again. These days I crave midnight snack so much.
미안해. 내가 또 너를 먹게 만들었구나. 나 요즘 야식이 엄청 땡겨.

4

여행, 쇼핑, 문화 패턴

31 계획 말하기

301 **What's your plan for your future after college?**
대학 졸업 후 당신의 계획은 뭔가요?

302 **I'm planning to study abroad.**
저는 외국에서 공부할 계획이에요.

303 **Are you going to move to Seoul soon?**
당신은 곧 서울로 이사하실 건가요?

304 **Yes, I am going to.**
네, 그럴 거예요.

305 **Have you considered going to Canada with your brother?**
당신은 당신의 형과 함께 캐나다에 가는 걸 고려하나요?

306 **Yes, I've been considering it for a long time.**
네, 저는 오랜 시간 동안 고려하고 있어요.

307 **What is your son doing tonight?**
당신 아들은 오늘 밤에 무엇을 할 건가요?

308 **He's going to the movies with his girlfriend.**
그는 여자 친구와 영화 보러 갈 거예요.

309 **Is your teacher trying to go hiking with you this Sunday?**
당신의 선생님은 이번 일요일에 당신과 등산을 가나요?

310 **I doubt it.**
아뇨.

01

What's your plan for
당신의 계획은 뭔가요?

your future after college?
대학 졸업 후

the weekend?
주말

the spring break?
봄 방학

02

I'm planning to
저는 계획이에요

study abroad.
외국에서 공부할

visit my parents.
부모님을 뵈러 갈

have fun in Vegas.
라스베이거스에서 재미있는 시간을 보낼

03

Are you going to
당신은 ~건가요?

move to Seoul soon?
곧 서울로 이시히실

quit this job?
이 일을 그만둘

break up with your boyfriend?
남자 친구와 헤어질

04

Yes, I am going to.
네, 그럴 거예요.

I don't think so.
그럴 것 같지 않아요.

I doubt it.
안 그럴 것 같아요.

05 Have you considered
당신은 고려하나요?

going to Canada with your brother?
당신의 형과 함께 캐나다에 가는 걸

cooking dinner for your friends?
당신 친구들을 위해 저녁 요리를 하는 걸

transferring to a foreign country?
타국으로 이직하는 것을

06 Yes, I've been considering it
네, 저는 고려하고 있어요

for a long time.
오랜 시간 동안

for a few days.
며칠 동안

for a few months.
몇 달 동안

07 What is your son doing
당신 아들은 무엇을 할 건가요?

tonight?
오늘 밤에

tomorrow?
내일

this weekend?
주말에

08 He's
그는

going to the movies with his girlfriend.
여자 친구와 영화 보러 갈 거예요

leaving for Japan.
일본으로 떠나요

studying for finals.
기말고사 공부를 할 거예요

09 

Is your teacher trying to
당신의 선생님이

go hiking with you this Sunday?
이번 일요일에 당신들과 등산을 가나요?

visit the museum?
박물관을 방문할 건가요?

give you a lot of homework
this semester?
이번 학기에 많은 과제를 줄까요?

10 

I doubt it.
아뇨.

I guess not.
아닌 것 같아요.

I hope not.
아니길 바랍니다.

Let's Talk

A: What's your plan for the summer?
이번 여름 계획은 뭐예요?

B: I want to lose some weight before going to the beach.
해변에 가기 전에 살을 좀 빼고 싶어요.

Basic Expressions

311 **I can't decide what to do.**
뭘 할지 결정하지 못하겠어요.

312 **She doesn't want to affect my decision.**
그녀는 저의 결정에 영향을 끼치고 싶어 하지 않아요.

313 **It's so hard to make a decision right now.**
지금 결정을 내리기가 매우 어렵군요.

314 **Have you decided what to do?**
당신은 무엇을 할지 결정했나요?

315 **No, I haven't decided yet.**
아니요, 저는 결정하지 못했어요.

316 **Has your daughter decided to go to Yale University?**
당신의 딸은 예일 대학교에 진학하기로 결정했나요?

317 **No, she has decided to study at Harvard University.**
아뇨, 그녀는 하버드 대학교에서 공부하기로 결정했어요.

318 **My boss said that she decided not to accept my proposal.**
상사가 제 제안을 수용하지 않기로 결정했다고 말했어요.

319 **I am willing to accept their offer.**
그들의 제안을 기꺼이 수용할 생각이 있어요.

320 **Let me know when he is free.**
그가 언제 시간이 되는지 알려주세요.

Pattern Drills 어감이나 리듬에 맞춰 따라 말해봐요.

01

I can't decide
결정하지 못하겠어요

what to do.
뭘 할지

what to eat.
뭘 먹을지

what to read.
뭘 읽을지

02

She doesn't want to
그녀는 ~싶어 하지 않아요

affect
영향을 끼치고

influence
영향을 끼치고

confuse
혼돈을 주고

my decision.
저의 결정에

03

It's so hard
매우 어렵군요

It's not difficult
어렵지 않군요

It's so easy
매우 쉽군요

to make a decision right now.
지금 결정을 내리기기

04

Have you
당신은

Has your boss
당신의 상사는

Has your son
당신의 아들은

decided what to do?
무엇을 할지 결정했나요?

No, I haven't decided yet.
아니요, 저는 결정하지 못했어요 아직

she hasn't decided
그녀는 결정하지 못했어요

he hasn't made a decision
그는 결정하지 못했어요

Has your daughter decided to go to Yale University?
당신의 딸은 결정했나요? 예일 대학교에 진학하기로

get a job in Italy?
이탈리아에서 직장을 구하기로

go out with Jerry?
제리와 사귀기로

No, she has decided to study at Harvard University.
아뇨, 그녀는 결정했어요 하버드 대학교에서 공부하기로

work in France.
프랑스에서 일하기로

go out with Sean.
션과 사귀기로

My boss said that she decided not to
상사가 ～않기로 결정했다고 말했어요

accept my proposal.
내 제안을 수용하지

send me to the conference.
나를 회담에 보내지

fire me.
나를 해고하지

09

I am willing to accept
기꺼이 수용할 생각이 있어요

their offer.
그들의 제안을

her plan.
그녀의 계획을

his proposal.
그의 제안을

10

Let me know
알려주세요

when he is free.
그가 언제 시간이 되는지

whether you'd like to go or not.
당신이 가고 싶은 건지 가고 싶지 않은 건지

if she can come.
그녀가 올 수 있는지

Let's Talk

1 A: Where have you decided to go for your vacation?
당신은 방학 때 어디 가기로 결정했나요?

B: I've decided to spend time in Florida.
플로리다에서 시간을 보내기로 결정했어요.

2 A: Have you decided your New Year's resolution?
당신은 신년 계획을 세우셨나요?

B: No, not yet.
아뇨, 아직요.

3 A: Have you decided what to do?
당신은 무엇을 할지 결정했나요?

B: Yes, I have.
네.

Basic Expressions

321 Where can I check in?
어디에서 체크인할 수 있나요?

322 I'm here on vacation.
저는 휴가차 이곳에 왔어요.

323 I think I lost my passport.
제 여권을 잃어버린 것 같아요.

324 What's the best way to get to the airport?
공항으로 가는 가장 좋은 길이 어딘가요?

325 How often does the bus come?
버스가 얼마나 자주 오나요?

326 What's the fare?
교통비가 얼마죠?

327 Please, tell me where to get off.
어디에서 내려야 하는지 알려주세요.

328 Could you help me? I seem to be lost.
저 좀 도와주시겠어요? 길을 잃은 것 같아요.

329 A one-way ticket, please.
편도 승차권 하나 주세요.

330 I'd like to rent a convertible.
오픈카를 대여하고 싶은데요.

어감이나 리듬에 맞춰 따라 말해봐요.

01

Where can I
어디에서 ~수 있나요?

check in?
체크인할

make my connection?
환승할

find the lost and found?
분실물 센터를 찾을

02

I'm here
저는 이곳에 왔어요

on vacation.
휴가차

on business.
비즈니스차

to study.
공부하러

03

I think
~같아요

I lost my passport.
제 여권을 잃어버린 깃

I missed my connecting flight.
제가 환승 편을 놓친 것

my bag is missing.
제 가방이 없어진 것

04

What's the best way to get
~가는 가장 좋은 길이 어딘가요?

to the airport?
공항으로

to the hotel?
호텔로

to the city?
도시로

05

How often does
얼마나 자주

the bus
버스가

the air train
공항 기차가

the shuttle bus
셔틀버스가

come?
오나요?

06

What's the fare?
교통비가 얼마죠?

How much is it to the railroad station?
철도역까지 얼마인가요?

How much do I owe you?
얼마 드려야 하나요?

07

Please, tell me
알려주세요

where to get off.
어디에서 내려야 하는지

where to transfer.
어디에서 환승해야 하는지

when to get off.
언제 내려야 하는지

08

Could you help me?
저 좀 도와주시겠어요?

I seem to be lost.
길을 잃은 것 같아요

I think I am lost.
길을 잃은 것 같아요

I am lost.
길을 잃었어요

09

A one-way ticket,
편도 승차권 하나 주세요

A round-trip ticket to Gold Coast,
골드코스트로 가는 왕복 승차권 하나 주세요

Two adults,
어른 두 명이요

please.

10

I'd like to rent
대여하고 싶은데요

a convertible.
오픈카를

an SUV.
SUV를

a compact car.
소형차를

Let's Talk

1 A: Where to, ma'am/sir?
아가씨/선생님, 어디로 모실까요?

B: Take me to this address, please.
이 주소로 데려다주세요.

2 A: I'm flying to LA next weekend.
다음 주말에 LA로 떠나요.

B: I hope you have a safe trip.
좋은 여행 되세요.

147

34 쇼핑하기

331 Can I help you?
도와드릴까요?

332 Well, I'm looking for a jacket.
음, 코트 하나 보려고요.

333 I'm just browsing, thank you.
저는 그냥 둘러보고 있어요, 감사합니다.

334 Excuse me, do you know where the souvenir shop is?
죄송하지만, 기념품 상점이 어디 있는지 아시나요?

335 I'd like to exchange this for a new one.
이것을 새것으로 교환하고 싶어요.

336 Can I get a refund?
환불받을 수 있을까요?

337 Do you have this in a bigger size?
이것보다 큰 사이즈가 있나요?

338 Sorry, but we're sold out of that item.
죄송하지만 그 물건은 품절이에요.

339 I'd like to try this on.
이것을 착용해 보고 싶어요.

340 How would you like to pay for this?
어떻게 계산하시겠습니까?

01

Can I help you?
도와드릴까요?

How may I help you?
어떻게 도와드릴까요?

What can I do for you?
어떻게 도와드릴까요?

02

Well, I'm looking for
음, ~보려고요

a jacket.
코트 하나를

a pair of shoes.
신발 한 켤레를

a shirt.
셔츠를

03

I'm just
저는 그냥

browsing, thank you.
둘러보고 있어요, 감사합니다

looking, thanks.
보는 거예요, 감사합니다

looking around, thanks anyway.
둘러보는 거예요, 어쨌든 고맙습니다

04

Excuse me, do you know where
죄송하지만, 어디 있는지 아시나요?

the souvenir shop   is?
기념품 상점이

the gift shop
선물 가게가

customer service
서비스 센터가

I'd like to exchange this for
이것을 ~교환하고 싶어요

a new one.
새것으로

a different color.
다른 색상으로

another size.
다른 사이즈로

Can I get a refund?
환불받을 수 있을까요?

I'd like a refund.
환불을 받고 싶어요.

I bought this yesterday but it's not working.
어제 이것을 구매했는데 작동하지 않아요.

Do you have this
있나요?

in a bigger size?
더 큰 사이즈가

in a size 10?
사이즈 10이

in red?
빨간색이

Sorry, but
죄송하지만,

we're sold out of that item.
그 물건은 품절이에요

we have run out of that size.
그 사이즈는 품절이에요

we don't have it in that color.
그 색상으로는 물건이 없어요

I'd like to try this on.
이것을 착용해 보고 싶어요.

Where is the fitting room?
탈의실이 어디죠?

Can I try this on?
착용해 봐도 되나요?

10

How would you like to pay for this?
어떻게 계산하시겠습니까?

Will that be cash or charge?
현금으로 하시겠어요 카드로 하시겠어요?

Sorry, but we don't accept traveler's checks here.
죄송하지만, 여행자 수표를 받지 않아요.

Let's Talk

1 A: How much do I owe you?
당신에게 얼마를 드려야 하죠?

B: That will be 2 hundred and 50 dollars.
250달러를 주시면 돼요.

A: Wow, that's a little pricey.
와우, 약간 비싸군요.

2 A: I'm interested in buying a new iPhone.
새로운 아이폰을 구매하고 싶은데요.

B: What features do you need and what's your budget?
어떤 기능을 원하시고 얼마 정도 생각하세요?

341 **I'd like to book a table for 3.**
세 명 앉을 테이블을 예약하고 싶어요.

342 **Are you ready to order?**
주문하실 준비가 되셨나요?

343 **What's for dinner tonight?**
오늘 저녁 메뉴는 무엇인가요?

344 **I'd like the seafood spaghetti.**
해물 스파게티가 좋겠어요.

345 **Can you make it less sweet?**
덜 달게 요리해 주실 수 있나요?

346 **Anything else?**
더 필요하신 것 있나요?

347 **Yes, can I have some napkins?**
네, 냅킨 좀 주실 수 있으세요?

348 **Check, please.**
계산서 좀 주세요.

349 **Could you give me a to-go box?**
음식 담을 박스 좀 주시겠어요?

350 **Let's split the bill.**
나눠서 냅시다.

어감이나 리듬에 맞춰 따라 말해봐요.

01

I'd like
～싶어요

to book a table for 3.
세 명 앉을 테이블을 예약하고

to make a reservation for 5 P.M.
오후 5시로 예약하고

a nonsmoking table for 6, please.
6인용 금연석 자리에 앉고

02

Are you ready to order?
주문하실 준비 되셨나요?

Can I take your order?
주문받아도 될까요?

What would you like to order?
무엇을 주문하시겠어요?

03

What's for dinner tonight?
오늘 저녁 메뉴는 무엇인기요?

What's the special of the day?
오늘 스페셜 메뉴가 뭔가요?

Do you have any recommendations?
추천해 주시겠어요?

04

I'd like
～좋겠어요

the seafood spaghetti.
해물 스파게티가

my steak well-done.
잘 익힌 스테이크가

a baked potato.
구운 감자가

05

Can you make it
요리해 주실 수 있나요?

less sweet?
덜 달게

less spicy?
덜 맵게

less salty?
덜 짜게

06

Anything else?
더 필요하신 것 있나요?

Is there anything else I can get for you?
더 필요하신 것 있나요?

Would you like me to get you anything else?
더 필요하신 것 있나요?

07

Yes, can I have
네, 주실 수 있으세요?

some napkins?
냅킨 좀

some more water?
물 좀 더

a cup of coffee?
커피 한 잔

*Can I have ~? 대신 Can you get me ~?로도 가능하다.

08

Check, please.
계산서 좀 주세요.

Can I have the bill?
계산서 좀 주시겠어요?

I'd like the bill.
계산서 좀 주세요.

09 Could you
~주시겠어요?

give me a to-go box?
음식 담을 박스 좀

wrap this for me?
음식 좀 담아

put this in a box?
음식 좀 담아

10

Let's split the bill.
나눠서 냅시다.

This is on me.
이건 제가 살게요.

This is on the house.
저희 사장님이 드리는 서비스예요.

Let's Talk

A A: How would you like your steak?
스테이크를 어떻게 드릴까요?

B: I'd like my steak rare.
덜 익힌 것으로 주세요.

B A: For here or to go?
여기서 드실 건가요, 아니면 가져가실 건가요?

B: For here, please.
여기서 먹을게요.

영화와 공연

Basic Expressions

351 **How much is the entrance fee?**
입장료가 얼마예요?

352 **Can I get a student discount?**
학생 할인을 받을 수 있을까요?

353 **Are there any seats left in the back?**
뒷좌석 남은 것 있나요?

354 **The back row sounds great.**
뒷줄이 좋을 것 같네요.

355 **How long does the film last?**
영화가 얼마나 길어요?

356 **It lasts for 3 hours.**
세 시간이에요.

357 **How was the movie?**
영화는 어땠나요?

358 **It was terrific.**
굉장했어요.

359 **I'm a movie buff.**
저는 영화광이에요.

360 **The movie is showing at the theater.**
그 영화는 지금 극장에서 상영 중이에요.

Pattern Drills

어감이나 리듬에 맞춰 따라 말해봐요.

01

How much is the entrance fee?
입장료가 얼마예요?

What is the admission fee?
입장료가 얼마예요?

How much does the show cost?
쇼가 얼마예요?

02

Can I get a student discount?
학생 할인을 받을 수 있을까요?

Are any meals included?
식사가 포함되어 있나요?

Does the price include the entrance fee?
요금에 입장료도 포함된 건가요?

03

Are there any seats | **left in the back?**
좌석 있나요? | 뒤쪽에 남은

available in the middle?
중간에 앉을 수 있는

in the front?
앞쪽에

04

The back row	**sounds**	**great.**
뒷줄이	들리네요	좋게
The middle row		**good.**
가운데 줄이		좋게
The front row		**better.**
앞줄이		더 좋게

05 How long does 얼마나 오래 / the film 영화가 / the show 쇼가 / the play 연극이 / last? 계속되나요?

06
It lasts for 3 hours.
세 시간이에요.

It's a 3 hour movie.
세 시간짜리 영화에요.

It goes on for 3 hours.
세 시간 동안 해요.

07 How was 어땠어요? / the movie? 영화가 / the show? 쇼가 / the play? 연극이

08 It was 그것은 / terrific. 굉장했어요 / funny. 재미있었어요 / terrible. 형편없었어요

09

I'm
저는 ~이에요

a movie buff.
영화광

a film buff.
영화광

a theater buff.
연극광

10

The movie is showing
그 영화는 지금 상영 중이에요

at the theater.
극장에서

The show is playing
그 쇼는 지금 상영 중이에요

The play is running
그 연극은 지금 상영 중이에요

1 A: Do you want to see the movie that Charlie was talking about?
찰리가 말했던 영화 보러 갈래요?

B: Sure, the movie is a hit. The rating for the movie is pretty high.
좋아요, 그 영화 인기 많잖아요. 평점이 꽤 높던데요.

2 A: What time does the show begin?
쇼는 언제 시작하나요?

B: It starts in 20 minutes.
20분 후에 시작해요.

Basic Expressions

361 San Diego University Hospital. How can I help you?
샌디에이고 대학 병원입니다. 어떻게 도와드릴까요?

362 Yes, I'd like to make an appointment with Dr. Smith.
네, 스미스 박사님과 약속을 잡고 싶어요.

363 When would you like to see Dr. Smith?
스미스 박사님 약속을 언제로 잡아드릴까요?

364 I'd like to see Dr. Smith at 11 A.M. next Monday.
다음 주 월요일 오전 11시에 스미스 박사님을 뵙고 싶어요.

365 Let me check his schedule.
그의 스케줄을 확인해 볼게요.

366 I'm sorry. Something urgent came up.
죄송합니다. 급한 일이 생겼네요.

367 I'm wondering if I can change the appointment from 1 P.M. to 2:30 P.M.
예약을 오후 1시에서 2시 반으로 변경할 수 있는지 궁금하네요.

368 Do you want me to call the vet to cancel the appointment?
동물병원에 예약을 취소해 달라고 전화할까요?

369 Please, fill out this form before you see Dr. Wagon.
왜건 박사님을 만나기 전에 이 문서를 작성해 주세요.

370 Your next appointment with Dr. Brown will be at 4 P.M. tomorrow.
브라운 박사님과의 다음 예약은 내일 오후 4시입니다.

Pattern Drills　어감이나 리듬에 맞춰 따라 말해봐요.

01

San Diego University Hospital.
샌디에이고 대학 병원입니다.

How can I help you?
어떻게 도와드릴까요?

Dr. Brown's Office.
브라운 박사님 사무실입니다.

Cho's Hair Shop.
조 미용실입니다.

02

Yes, I'd like to make an *appointment.
네, 약속을 잡고 싶어요

with Dr. Smith.
스미스 박사님과

*appointment는 주로 전문인과의 예약에 사용되고
plan은 친구나 지인과의 일반적인 약속에 사용된다.

with Professor Brown.
브라운 교수님과

with Ms. Cho.
조 선생님과

03

When would you like to see
~약속을 언제로 잡아드릴까요?

Dr. Smith?
스미스 박사님

Professor Brown?
브라운 교수님

Ms. Cho?
조 선생님

04

I'd like to see
뵙고 싶어요

Dr. Smith at 11 A.M. next Monday.
스미스 박사님을 다음 주 월요일 오전 11시에

Professor Brown at 3 P.M. on May, 3rd.
브라운 교수님을 5월 3일 오후 3시에

Ms. Cho at 9 A.M. this Friday.
조 선생님을 이번 주 금요일 오전 9시에

Let me check
확인해 볼게요

his schedule.
그의 일정을

if he is booked at 3 P.M.
그가 오후 3시에 약속이 있는지

if she is available.
그녀가 시간이 되는지

I'm sorry.
죄송합니다.

Something urgent
급한 일이

came up.
생겼네요.

Something
일이

Personal matters
사적인 일이

I'm wondering if I can change the appointment.
예약을 변경할 수 있는지 궁금하네요

from 1 P.M. to 2:30 P.M.
오후 1시에서 2시 반으로

from Tuesday to Friday.
화요일에서 금요일로

from May 1st to June 3rd.
5월 1일에서 6월 3일로

Do you want me to call the vet
동물병원에 전화할까요?

to cancel
취소해 달라고

the appointment?
예약을

to change
변경해 달라고

to postpone
연기해 달라고

Please, fill out this form
이 문서를 작성해 주세요

before you see Dr. Wagon.
왜건 박사님을 만나기 전에

while I check your resume.
제가 이력서를 보는 동안

before your car goes through the check up.
당신의 차가 점검에 들어가기 전에

10

Your next appointment with Dr. Brown
브라운 박사님과의 다음 예약은

Your next piano lesson with Prof. Han
한 교수님과의 다음 피아노 레슨은

Your next interview with Mr. Lee
이 선생님과의 다음 인터뷰는

will be at 4 P.M. tomorrow.
내일 오후 4시입니다.

Let's Talk

1 A: When can I see Mr. Ha for my hair?
머리를 하고 싶은데 하 선생님을 언제 볼 수 있을까요?

B: You can see him any time here at his hair shop. Walk-ins are always welcome.
언제든지요. 예약 안 하고 오셔도 돼요.

2 A: Let me double check. Your appointment with Ms. Kim is at 9 A.M. next Wednesday.
한 번 더 확인해 볼게요. 김 선생님과의 예약은 다음 주 수요일 오전 9시가 맞네요.

B: OK. I got it. Thanks.
알겠습니다. 감사합니다.

38 병원에서

371 How is your mother?
어머니는 어떠세요?

372 Not so good. I took her to the hospital this morning.
별로 안 좋으세요. 오늘 아침 병원으로 모시고 갔어요.

373 He has been hospitalized for 3 days.
그분은 3일째 입원 중이에요.

374 What did the doctor say about your check up?
의사 선생님이 당신의 건강 검진에 대해 뭐라 하시던가요?

375 Dr. Tracy said that I've got to lose some weight.
트레이시 박사가 저보고 살 좀 빼라고 말했어요.

376 What seems to be the problem with your grandfather?
당신 할아버지께 어떤 문제가 있는 것 같아요?

377 He seems to have diabetic complications.
그는 당뇨 합병증이 있는 것 같아요.

378 Did you get the prescription?
처방전 받았어요?

379 According to the neuropsychiatrist, my aunt is suffering from dementia.
신경 정신과 의사에 의하면, 저희 이모는 치매를 앓고 있어요.

380 My dermatologist told me to take the medicine every 6 hours.
피부과 의사가 저한테 여섯 시간마다 약을 복용하라고 했어요.

Pattern Drills 어감이나 리듬에 맞춰 따라 말해봐요.

01

How is
~어떠세요?

your mother?
어머니는

your father?
아버지는

your uncle?
삼촌은

02

Not so good.
별로 안 좋으세요.

I took her
모시고 갔어요

I drove him
모시고 갔어요

I gave him a ride
모시고 갔어요

to the hospital this morning.
오늘 아침 병원으로

03

He has been
그분은

hospitalized
입원 중이에요

in the hospital
입원 중이에요

unconscious
의식이 없어요

for 3 days.
3일째

04

What did the doctor say about
의사 선생님이 ~에 대해 뭐라 하시던가요?

your check up?
당신의 건강 검진

your mother's annual exam?
당신 어머니의 건강 검진

your father's medical check up?
당신 아버지의 건강 검진

05

Dr. Tracy said that
트레이시 박사가 ~말했어요

I've got to lose some weight.
저보고 살 좀 빼라고

my mom has diabetes.
저희 어머니가 당뇨라고

my father has a heart problem.
저희 아버지가 심장 문제가 있다고

06

What seems to be the problem
어떤 문제가 있는 것 같아요?

with your grandfather?
당신 할아버지에게

with your child?
당신 아이에게

with your dog?
당신 강아지에게

07

He seems to have
그는 있는 것 같아요

diabetic complications.
당뇨 합병증이

complications from poor function
of his kidneys.
신장 합병증이

osteoporosis.
골다공증이

08

Did you get
받았어요?

the prescription?
처방전

the prescription medications?
처방약

the drugs?
약

09

According to
~의하면

the neuropsychiatrist,
신경 정신과 의사에

the veterinarian,
수의사에

the pediatrician,
소아과 의사에

my aunt
저의 이모는

is suffering from
앓고 있어요

dementia.
치매를

my dog
제 강아지는

high blood pressure.
고혈압을

my son
제 아들은

insomnia.
불면증을

10

My dermatologist
피부과 의사가

told me to take
저한테 복용하라고 했어요

My OB doctor
산부인과 의사가

My ENT doctor
이비인후과 의사가

the medicine every 6 hours.
약을 여섯 시간마다

these pills 3 times a day.
알약을 하루에 세 번씩

those capsules after meals.
캡슐을 식후에

Basic Expressions

381 **Hello. May I speak to Daniel?**
여보세요. 대니얼이랑 통화할 수 있나요?

382 **May I ask who is calling?**
누구신가요?

383 **This is Tom speaking.**
탐입니다.

384 **Hold on a second, please.**
잠시만요.

385 **I'll put you through.**
연결해 드릴게요.

386 **Becky. There is a telephone message for you.**
베키. 당신한테 부재중 메시지가 있어요.

387 **Would you like to leave a message?**
메시지를 남기시겠어요?

388 **Yes, please tell Jay to call Gloria back.**
네, 글로리아한테 전화하라고 제이에게 전해주세요.

389 **Sorry. You have the wrong number.**
죄송합니다. 전화 잘못 거셨어요.

390 **The line was cut off. I need to call again.**
전화가 끊겼어요. 다시 전화해야겠어요.

01

Hello.
여보세요.

May I speak to Daniel?
대니얼이랑 통화할 수 있나요?

Can I get a hold of Daniel?
대니얼 있나요?

Is Daniel there?
대니얼 있나요?

02

May I ask who is calling?
누구신가요?

Who's calling, please?
누구신가요?

Who is this?
누구신가요?

03

This is Tom speaking.
탐입니다.

This is Tom.
탐입니다.

Could you tell Daniel, Tom called?
탐이 전화했었다고 대니얼에게 전해주실 수 있나요?

04

Hold on a second, please.
잠시만요.

One moment, please.
잠시만요.

Hold on a sec.
잠시만요.

05

I'll put you through.
연결해 드릴게요.

I'll transfer your call to Dr. Smith.
전화를 스미스 박사님께 연결해 드릴게요.

Let me transfer your call.
전화를 연결해 드릴게요.

06

Becky.　There is a telephone message for you.
베키.　당신한테 부재중 메시지가 있어요.

Your sister called for you.
당신 언니가 당신한테 전화했어요.

It's for you.
당신한테 전화 왔어요.

07

Would you like to leave　　a message?
남기시겠어요?　　메시지를

Can I take
남기시겠어요?

Would you like me to take
남기시겠어요?

08

Yes, please tell Jay to call Gloria back.
네, 글로리아한테 전화하라고 제이에게 전해주세요.

Please tell Jay that Gloria called.
글로리아가 전화했었다고 제이에게 전해주세요.

Please have Jay call Gloria back.
글로리아한테 다시 전화하라고 제이에게 전해주세요.

Sorry.
죄송합니다.

You have
전화 거셨어요

the wrong number.
잘못된 번호로

You dialed
전화 거셨어요

You must have dialed
전화를 거셨나 보네요

10

The line was cut off.
전화가 끊겼어요.

I need to call again.
다시 전화해야겠어요.

The connection is bad.
전화가 잘 안 터져요.

The line is busy.
통화 중입니다.

Let's Talk

1 A: The phone is ringing.
전화 왔어요.

B: I'll get it.
제가 받을게요.

2 A: My battery is low. I gotta go.
배터리가 거의 다 됐어요. 이제 전화 끊어야 할 것 같아요.

B: OK. I'll let you go.
네. 그러세요.

A: But, I'll get back to you in an hour.
한 시간 후에 다시 전화할게요.

3 A: Could I ask you what this is about?
무슨 일로 전화하셨는지 여쭤봐도 될까요?

B: Well, I am returning Ms. Won's call.
원 선생님이 전화하셨다고 해서 다시 전화드리는 건데요.

4 A: Is Mr. Kim in today?
김 선생님 오늘 나오셨나요?

B: Yes, but he is on another line. Can I take a message?
네, 지금 다른 전화로 통화 중이신데요. 메시지 남기시겠어요?

과거 표현 익히기 3

Basic Expressions

391 **What did you do over the weekend?**
주말 동안에 뭐 했어요?

392 **I went out with my girlfriend.**
여자 친구랑 데이트했어요.

393 **What movie did you guys see?**
당신들은 어떤 영화를 봤나요?

394 **We saw 'The Avengers.'**
〈어벤져스〉를 봤어요.

395 **Where did you go for your vacation?**
방학 때 어디 갔어요?

396 **I went to France with my family.**
저는 가족들과 프랑스에 갔어요.

397 **What happened?**
무슨 일이 일어났어요?

398 **There was another plane crash in the Pacific Ocean.**
태평양에서 또 비행기 추락 사건이 있었어요.

399 **What was your son like when he was in his 20s?**
당신 아들은 20대 때 어땠어요?

340 **He was handsome and smart.**
그는 잘생기고 똑똑했어요.

어감이나 리듬에 맞춰 따라 말해봐요.

01

What did you do
뭐 했어요?

over the weekend?
주말 동안에

during the summer break?
여름 방학 동안에

in Europe?
유럽에서

02

I went out with my girlfriend.
여자 친구랑 데이트했어요.

I was home goofing around.
그냥 집에서 뒹굴거렸어요.

I hung out with my friends.
친구들이랑 놀았어요.

03

What movie did
어떤 영화를

you guys
낭신들은

see?
봤나요?

your parents
당신의 부모님은

your daughter
당신의 따님은

04

We saw 'The Avengers.'
〈어벤져스〉를 봤어요.

They watched 'Iron Man.'
그들은 〈아이언맨〉을 봤어요.

She went to see 'Superman.'
그녀는 〈슈퍼맨〉을 봤어요.

Where did you go for your vacation?
방학 때 어디 갔어요?

Where did your children play?
당신 아이들은 어디에서 놀았어요?

Where did Christine hang out last night?
크리스틴은 어젯밤에 어디에서 놀았어요?

I went to France with my family.
저는 가족들과 프랑스에 갔어요.

They played in the school playground.
그들은 학교 놀이터에서 놀았어요.

She hung out with her boyfriend at that bar.
그녀는 남자 친구와 그 바에서 놀았어요.

07

What happened?
무슨 일이 일어났어요?

What has happened?
무슨 일이 일어났어요?

What's on the news?
무슨 일이에요?

There was
~있었어요

another plane crash in the Pacific Ocean.
태평양에서 또 비행기 추락 사건이

another terror attack in Sydney last night.
지난밤 시드니에서 또 다른 테러가

another school shooting in LA this morning.
오늘 아침에 LA에 있는 학교에서 또 총기 사고가

09

What was your son like when he was
당신 아들은 어땠어요?

in his 20s?
20대 때

younger?
어렸을 때

a baby?
아기였을 때

10

He was
그는

handsome and smart.
잘생기고 똑똑했어요

very success oriented.
성공 지향적이었어요

a noisy baby.
시끄러운 아기였어요

A: What happened to you? We were worried about you.
당신에게 무슨 일이 일어났나요? 우리 당신 걱정했어요.

B: I got a flat tire on the way. Sorry, I made you worry.
오는 길에 타이어가 나갔어요. 걱정 끼쳐 미안해요.

5

의식주, 감정 패턴

집에 관한 표현

401 **Maintenance Office, how can I help you?**
관리 사무실입니다, 무엇을 도와드릴까요?

402 **Yes, I saw your ad about a studio in the newspaper.**
네, 신문에서 원룸에 관한 광고를 봤어요.

403 **Are you looking for a furnished apartment?**
가구가 있는 아파트를 찾고 있나요?

404 **I'm looking for a studio near the university.**
대학교 근처에 있는 원룸을 찾고 있어요.

405 **How much is the deposit?**
보증금이 얼마죠?

406 **The deposit is $3,000. It's refundable.**
보증금은 3,000달러예요. 환불 가능하고요.

407 **The utility bills are included in the rent.**
전기, 가스, 수도 요금은 월세에 포함됩니다.

408 **There is a laundry room in the basement.**
지하에 세탁실이 있어요.

409 **This 2 story brick house is for sale.**
2층짜리 벽돌집을 팔려고 내놓았어요.

410 **The price is too steep.**
가격이 너무 비싸네요.

01

Maintenance Office, how can I help you?
관리 사무실입니다, 무엇을 도와드릴까요?

Residence Office, what can I do for you?
관리 사무실입니다, 무엇을 도와드릴까요?

Student Residence, how may I help you?
학생 기숙사입니다, 무엇을 도와드릴까요?

02

Yes, I saw your ad
네, 광고를 봤어요

about a *studio in the newspaper.
신문에서 원룸에 관한

about a one-bedroom apartment on the website.
웹사이트에서 방 하나짜리 아파트에 관한

about a 2-bedroom apartment online.
온라인에서 방 두 개짜리 아파트에 관한

* 한국의 원룸 또는 오피스텔 개념 = studio, efficiency이다.

03

Are you looking for
찾고 있나요?

a furnished apartment?
가구가 있는 아파트를

an unfurnished apartment?
가구가 없는 아파트를

a house with a balcony?
발코니가 있는 집을

04

I'm looking for
찾고 있어요

a studio near the university.
대학교 근처의 원룸을

an efficiency near the subway station.
지하철역 근처의 원룸을

a 3-bedroom apartment in downtown.
다운타운에 있는 방 세 개짜리 아파트를

Chapter 5 의식주, 감정 패턴

179

05

How much is
얼마죠?

the deposit?
보증금이

the monthly rent?
월세가

the monthly payment?
월세가

06

The deposit is $3,000. It's refundable.
보증금은 3,000달러예요. 환불 가능하고요.

The monthly rent is $1,000.
월세는 1,000달러예요.

The monthly payment is $2,800.
매달 2,800달러예요.

07

The utility bills are
전기, 가스, 수도 요금은

The electricity bill is
전기세는

The water bill is
물세는

included in the rent.
월세에 포함됩니다

08

There is
있어요

a laundry room in the basement.
지하에 세탁실이

a parking lot next to the apartment building.
아파트 옆에 주차장이

a playground behind the swimming pool.
수영장 뒤에 놀이터가

This 2 story brick house is for sale.
2층짜리 벽돌집을   팔려고 내놓았어요

This apartment
이 아파트를

This condo
이 콘도를

10

The price is too steep.
가격이 너무 비싸네요.

The price is reasonable.
가격이 합리적이네요.

It's a good bargain.
가격 좋네요.

Let's Talk

1 A: I'm looking for an apartment to rent for the winter.
이번 겨울에 월세로 살 아파트를 찾고 있어요.

　 B: Are you looking for a furnished one?
가구가 있는 집을 찾고 있나요?

2 A: We are looking for a studio.
원룸을 찾고 있어요.

　 B: What's your budget?
얼마 정도 생각하시나요?

옷에 관한 표현

411 You look great today.
당신 오늘 멋져 보여요.

412 I like your dress. It looks good on you.
원피스가 예뻐요. 당신한테 잘 어울려요.

413 His outfit is out of style.
그가 입은 옷은 유행이 지났어요.

414 She has an eye for fashion.
그녀는 패션 감각이 뛰어나요.

415 Where did you get those sunglasses?
그 선글라스 어디서 샀어요?

416 I got them for 20 bucks at the mall.
그것들을 쇼핑센터에서 20달러에 샀어요.

417 My sister got ripped off at the souvenir store.
제 동생은 선물 가게에서 바가지 썼어요.

418 Mr. Brown often wears striped shirts.
브라운 씨는 줄무늬 셔츠를 자주 입어요.

419 Your son seems to have outgrown those pants.
저 바지가 당신 아들에게 작은 것 같군요.

420 I hear that some people are crazy about brand names.
제가 듣기론 몇몇 사람들은 명품을 아주 좋아한대요.

Pattern Drills 어감이나 리듬에 맞춰 따라 말해봐요.

01

You look 당신 ~보여요

great 멋져
adorable 귀여워
nice 근사해

today. 오늘

02

I like your dress. 원피스가 예뻐요.

It looks good on you. 당신한테 잘 어울려요.

It suits you well. 당신한테 잘 어울려요.

Looks like it was made for you. 딱 당신 거네요.

03

His outfit is 그가 입은 옷은

out of style. 유행이 지났어요

out of fashion. 유행이 지났어요

out of date. 유행이 지났어요

04

She has an eye for fashion. 그녀는 패션 감각이 뛰어나요.

She has an eye for a bargain. 그녀는 싸고 좋은 물건을 고르는 눈이 있어요.

She knows what to wear. 그녀는 옷을 잘 입어요.

05

Where did you get
어디서 샀어요?

those sunglasses?
그 선글라스를

those shoes?
그 신발을

those jeans?
그 청바지를

06

I got them
그것들을 샀어요(얻었어요)

for 20 bucks at the mall.
쇼핑센터에서 20달러에

for free at the flea market.
벼룩시장에서 공짜로

for buy one, get one free.
원 플러스 원으로

07

My sister got
제 동생은 샀어요

ripped off at the souvenir store.
선물 가게에서 바가지 써서

her shirt so cheap at the clearance sale.
재고 정리 세일에서 셔츠를 아주 싸게

got over-priced shoes at the shoe store.
신발 가게에서 신발을 비싸게

08

Mr. Brown
브라운 씨는

often wears
자주 입어요

striped shirts.
줄무늬 셔츠를

Ms. Smith
스미스 씨는

polka dot shirts.
물방울무늬 셔츠를

Ms. Han
한 씨는

flowered skirts.
꽃무늬 치마를

Your son seems to have outgrown
당신 아들에게 작은 것 같군요

those pants.
저 바지가

the T-shirt.
저 티셔츠가

the vest.
저 조끼가

10

I hear that
제가 듣기론

some people are crazy about brand names.
몇몇 사람들은 명품을 아주 좋아한대요.

most Westerners are practical about their fashion.
대부분의 서양 사람들은 패션에 있어서 실용적이래요.

many Americans wear jeans on a daily basis.
많은 미국 사람들은 청바지를 매일 입는대요.

Let's Talk

1 A: **Why haven't you gotten dressed yet?**
왜 아직 옷 안 입었어요?

B: **I've gained a lot of weight. This skirt doesn't fit me any longer.**
제가 살이 많이 쪘어요. 저 치마가 이제 더 이상 안 맞네요.

2 A: **How may I help you?**
어떻게 도와드릴까요?

B: **I'm looking for a pair of jeans.**
청바지 한 벌 사려고요.

A: **OK. What kinds of jeans are you looking for? We have all kinds of styles such as boot cut jeans, baggy jeans, skinny jeans and ripped jeans.**
어떤 종류의 청바지를 원하시나요? 저희 가게에는 부츠컷, 배기, 스키니, 찢어진 청바지 같은 모든 종류의 청바지가 있어요.

Chapter 5 의식주, 감정 패턴

43 토론하기

421 **Please don't beat around the bush. Get to the point.**
돌려서 말하지 말아 주세요. 요점만 말해 주세요.

422 **You've got a point there.**
당신 말이 일리가 있네요.

423 **In my opinion, we should consider another way to solve the problem.**
제 생각에, 이 문제를 해결하기 위해서는 다른 방법을 고려해야 할 것 같아요.

424 **Are you pro or con on the death penalty?**
당신은 사형 제도에 찬성이에요 반대예요?

425 **Why do you think conservative politicians support that plan?**
당신은 왜 보수파 정치인들이 그 계획을 지지한다고 생각하세요?

426 **I beg your pardon if I made you feel uncomfortable.**
당신을 불편하게 했다면 죄송해요.

427 **We seem to be straying from the main theme of the debate.**
지금 우리의 토론이 주제를 벗어나는 것 같아요.

428 **What alternatives do you think the government has?**
정부에게 어떤 대안이 있다고 생각하세요?

429 **The debaters have not reached an agreement on the issue.**
토론자들은 안건에 대해 합의하지 못 했어요.

430 **We must learn how to accept the differences.**
우리는 다름을 받아들이는 법을 배워야 해요.

어감이나 리듬에 맞춰 따라 말해봐요.

01

Please don't beat around the bush.
돌려서 말하지 말아 주세요.

Get to the point.
요점만 말해 주세요

Tell me the point.
요점을 말해 주세요

What's the point?
요점이 뭐죠?

02

You've got a point there.
당신 말이 일리가 있네요.

You have a good point.
좋은 의견이네요.

That's a good point of view.
좋은 관점이네요.

03

***In my opinion,**
제 생각에,

we should consider another way
다른 방법을 고려해야 할 것 같아요

we should try a different way
다른 방법을 시도해야 할 것 같아요

we should approach an alternative way
우리가 다른 방법으로 접근해야 할 것 같아요

to solve the problem.
이 문제를 해결하기 위해서는

*in my opinion = in my point of view = in my view

04

Are you pro or con on
당신은 찬성이에요 반대예요?

the death penalty?
사형 제도에

Are you in favor of
당신은 찬성해요?

Are you against
당신은 반대해요?

Why do you think
당신은 왜 ~생각하세요?

conservative politicians
보수파 정치인들이

liberal politicians
진보파 정치인들이

radical politicians
급진파 정치인들이

support that plan?
그 계획을 지지한다고

I beg your pardon if I
죄송해요

made you feel uncomfortable.
당신을 불편하게 했다면

offended you.
당신을 불편하게 했다면

hurt your feelings.
당신에게 상처를 줬다면

We seem to be straying from the main theme of the debate.
지금 우리의 토론이 주제를 벗어나는 것 같아요.

This debate is veering away from the main topic of the discussion.
지금 우리의 토론이 주제를 벗어나는 것 같아요.

This debate has nothing to do with the topic.
이 토론은 주제와 연관이 없어요.

 **08**

What alternatives
어떤 대안을

What other choices
어떤 대안을

What other options
어떤 대안을

do you think the government has?
정부가 가지고 있다고 생각하세요?

 **09**

The debaters
토론자들은

have not reached an agreement
합의를 하지 못 했어요.

have reached an agreement
합의를 봤어요

have agreed with each other
합의를 봤어요

on the issue.
안건에 대해

 **10**

We must learn how to
우리는 ~법을 배워야 해요

accept the differences.
다름을 받아들이는

agree to differ.
다름에 동의하는

agree to disagree.
의견 차이를 인정하는

A: Do you think the debate between the politicians was fair?
당신은 정치인들의 토론이 타당했다고 생각해요?

B: It was fairly OK. But, personally I always support the Republicans.
그냥 괜찮았어요. 그런데 저는 개인적으로 언제나 공화당을 지지해요.

Chapter 5 의사주, 감정 패턴

미래 표현 익히기 2

431 **What will you do if the picnic gets cancelled tomorrow?**
내일 소풍이 취소되면 어떻게 하실 거예요?

432 **I'll probably go to the movies with my friends, then.**
아마 친구들이랑 영화를 보러 갈 것 같아요.

433 **Your hair is getting messy. When are you going to the hair shop?**
당신 머리가 지저분해지고 있어요. 미용실에 언제 갈 거예요?

434 **I'm going to the hair shop tonight.**
오늘 밤에 미용실 갈 거예요.

435 **If I take my daughter to the hair shop tomorrow, I'll ask the hairdresser not to cut her bangs.**
내일 딸을 미용실에 데려가면, 미용사에게 앞머리는 자르지 말라고 말할 거예요.

436 **What would you do if you were me?**
당신이 저라면 어떻게 하겠어요?

437 **If I were you, I would dump him.**
내가 당신이라면, 나는 그를 차버릴 거예요.

438 **What does your daughter want to be when she grows up?**
당신 딸은 커서 뭐가 되고 싶어 해요?

439 **She wants to be a doctor.**
그녀는 의사가 되고 싶어 해요.

440 **I am fed up with my routine. I want to take a break.**
저는 일상이 지긋지긋해요. 좀 쉬고 싶어요.

Pattern Drills 어감이나 리듬에 맞춰 따라 말해봐요.

01

What will you do if
어떻게 하실 거예요?

the picnic gets cancelled
소풍이 취소되면

the teacher gives you a pop quiz
선생님께서 깜짝 퀴즈를 주시면

you receive a bonus
보너스를 받으면

tomorrow?
내일

02

I'll probably
아마 ~같아요

go to the movies with my friends, then.
친구들이랑 영화를 보러 갈 것

cheat on the quiz.
컨닝할 것

eat out with my family.
가족들이랑 외식을 할 것

03

Your hair is getting messy.
당신 머리가 지저분해지고 있어요.

When are you going to
언제 갈 거예요?

the hair shop?
미용실에

get your hair done?
머리하러

see the hair stylist?
미용사를 만나러

04

I'm going to the hair shop tonight.
저는 오늘 밤에 미용실 갈 거예요

getting my hair done today.
오늘 머리할 거예요

getting a perm tomorrow.
내일 파마할 거예요

05

If I take my daughter to the hair shop tomorrow, I'll ask the hairdresser not to
내일 딸을 미용실에 데려가면, 미용사에게 ～말라고 말할 거예요

cut her bangs.
앞머리를 자르지

dye her hair too dark.
머리를 너무 어둡게 염색하지

cut her hair too short.
머리를 너무 짧게 자르지

06

What would you do if you were
당신이 ～어떻게 하겠어요?

me?
저라면

in my shoes?
제 입장이라면

in my place?
제 상황이라면

07

If I were you, I would
내가 당신이라면, 나는

dump him.
그를 차버릴 거예요

break up with him.
그와 헤어질 거예요

leave him for good.
그와 영영 이별할 거예요

 **08**

What does your daughter want to
당신 딸은 뭐가 되고 싶어 해요?

be when she grows up?
커서

do after she graduates from university?
대학 졸업 후에

do after she marries?
결혼 후에

 **09**

She wants to
그녀는 ~싶어 해요

be a doctor.
의사가 되고

get a decent job.
좋은 직장에 취직하고

go back to her work.
복직하고

 **10**

I am
저는

fed up with my routine.
일상이 지긋지긋해요

sick and tired of my work.
일하는 게 진저리가 나요

horrified with my school.
공부가 끔찍해요

I want to
~싶어요

take a break.
좀 쉬고

take a vacation.
휴가 가고

take a semester off.
한 학기 쉬고

45 과거 표현 익히기 4

Basic Expressions

441 **He could've called.**
그가 전화를 할 수 있었을 텐데 말이에요.

442 **Many people say that they would've studied harder in high school.**
많은 사람들은 고등학교 때 더 열심히 공부를 더 많이 했어야 했다고 말해요.

443 **I regret cheating on my girlfriend.**
나는 내 여자 친구를 두고 바람피운 것을 후회해요.

444 **What would you have done 10 years ago if you hadn't gone to the US to study?**
만약 당신이 10년 전에 미국으로 유학 가지 않았다면 무엇을 했을까요?

445 **I would've got a job.**
저는 취직했을 거예요.

446 **The Baltimore Riots wouldn't have occurred if Freddie Gray hadn't got killed by the police.**
만약 프레디 그레이가 경찰에게 살해되지 않았다면 볼티모어 폭동이 일어나지 않았을 거예요.

447 **If I had known he was the chairman, I would've been more polite to him.**
만약 그분이 회사의 회장이라는 것을 알았다면, 저는 그분에게 더 예의를 갖췄을 거예요.

448 **You shouldn't have bought a laptop.**
당신은 노트북을 사지 말았어야 해요.

449 **We couldn't have done it without you.**
우리는 당신 없인 못했을 거예요.

450 **I wish they had contacted me earlier.**
그들이 좀 더 일찍 제게 연락했더라면 좋았을 거예요.

01

He	could've	called.
그가	할 수 있었을 텐데요	전화를

should've
했어야 해요

would've
했었을 텐데요

02

Many people say that
많은 사람들은 ~말해요

they would've studied harder in high school.
고등학교 때 더 열심히 공부를 더 많이 했어야 했다고

they wouldn't have met their spouses.
자신의 배우자를 만나지 말았어야 했다고

they wouldn't have married.
결혼하지 말았어야 했다고

03

I regret
나는 후회해요

cheating on my girlfriend.
내 여자 친구를 두고 바람피운 것을

spending too much money on clothes.
옷에 돈을 너무 많이 쓴 것을

treating my employees badly.
직원들을 함부로 대한 것을

04

What would you have done 10 years ago if you hadn't
만약 당신이 10년 전에 ~않았다면 무엇을 했을까요?

gone to the US to study?
미국으로 유학 가지

met your husband?
당신의 남편을 만나지

bought this house?
이 집을 구매하지

05

I would've
저는 ~거예요

got a job.
취직했을

married my ex-boyfriend.
남자 친구와 결혼했을

rented an apartment.
아파트를 렌트했을

06

The Baltimore Riots wouldn't have occurred if Freddie Gray hadn't gotten killed by the police.
만약 그레이가 경찰에게 살해되지 않았다면 볼티모어 폭동이 일어나지 않았을 거예요.

She wouldn't have gone to the prison if she had behaved in an orderly fashion.
만약 그녀가 질서 있게 행동했다면 감옥에 가지 않았을 거예요.

Many people wouldn't have died if the earthquake hadn't occurred.
지진이 일어나지 않았다면 많은 사람들이 죽지 않았을 거예요.

07

If I had known
만약 제가 ~알았더라면

he was the chairman,
그분이 회장이라는 것을

she was coming to my party,
그녀가 파티에 오는 걸

they were your children,
만약 그 아이들이 당신의 자녀라는 걸

I would've
저는 ~거예요

been more polite to him.
그분에게 더 예의를 갖췄을

prepared more food.
더 많은 음식을 준비했을

said 'hi.'
'안녕'이라고 인사했을

08 You shouldn't have
당신은 ~말았어야 해요

bought a laptop.
노트북을 사지

made salad.
샐러드를 만들지

learned Japanese.
일본어를 공부하지

09 We couldn't have done it
우리는 못했을 거예요

without you.
당신 없인

without your support.
당신의 지지 없이는

without your financial support.
당신의 재정적 후원 없이는

10 I wish
좋았을 거예요

they had contacted me earlier.
그들이 좀 더 일찍 제게 연락했더라면

they had fired him.
그들이 그를 해고했더라면

they hadn't told you about the rumor.
그들이 당신에게 소문을 말하지 않았더라면

Let's Talk

A: Without your help and support, I couldn't have done it. I really appreciate what you did for me.
당신의 도움과 후원 없이는 제가 그 일을 해내지 못했을 거예요. 당신에게 정말 감사해요.

B: Don't mention it. It's been a pleasure working with you.
천만에요. 당신과 일할 수 있어서 정말 좋았어요.

Unit 46 성격과 취향 말하기

451 What kind of movies do you like?
어떤 종류의 영화를 좋아하세요?

452 I like sci-fi movies.
공상 과학 영화를 좋아해요.

453 What type of girls do you attract?
주로 어떤 여자들을 좋아하나요?

454 I usually get attracted to intelligent girls.
주로 지적인 여자들에게 끌려요.

455 My cousin is a big fan of Justin Bieber.
제 사촌은 저스틴 비버의 왕팬이에요.

456 My mother is such a family oriented person.
제 어머니는 매우 가정적인 분이세요.

457 My new boss seems outgoing.
저의 새로운 상사는 활발하신 분 같아요.

458 I hated my ex-boyfriend because he always looked at the negative side of everything.
저의 전 남자 친구는 언제나 부정적으로 생각했기 때문에 저는 그를 싫어했어요.

459 What I really love about my parents is that they always encourage me.
제가 부모님에 대해 가장 좋아하는 것은 언제나 응원해 주시는 거예요.

460 Most Americans tend to say hi to strangers on the street.
대부분의 미국인들은 길에서 만난 낯선 사람에게 인사를 해요.

01

What kind of movies do you
어떤 종류의 영화를

like?
좋아하세요?

usually watch?
주로 보세요?

usually download?
주로 다운로드하세요?

02

I like
좋아해요

sci-fi movies.
공상 과학 영화를

tearjerker movies.
아주 슬픈 영화를

animations.
애니메이션을

03

What type of girls do you
주로 어떤 여자들을

attract?
좋아하나요?

go for?
좋아하나요?

usually go out with?
사귀나요?

04

I usually get attracted to intelligent girls.
주로 지적인 여자들에게 끌려요.

I go for the 'classy girl' like Anne Hathaway than the 'sexy girl.'
섹시한 여자보다 앤 해서웨이처럼 세련된 여자가 좋아요.

I usually go out with a girl who has respect for herself and for others.
주로 자기 자신과 타인을 존중할 줄 아는 여자와 사귀어요.

05

My cousin is
제 사촌은

a big fan of Justin Bieber.
저스틴 비버의 왕팬이에요

crazy about Beyonce.
비욘세에게 완전 미쳤어요

really into his girlfriend.
여자 친구에게 푹 빠졌어요

06

My mother is
제 어머니는

such a
매우

family oriented person.
가정적인 분이세요

He is
그는

dedicated father.
헌신적인 아버지예요

You are
당신은

people friendly person.
사교적인 사람이군요

07

My new boss seems
저의 새로운 상사는 ~것 같아요

outgoing.
활발하신

to be so introverted.
내성적인

really stubborn.
고집이 센

08

I hated my ex-boyfriend
저는 전 남자 친구를 싫어했어요

because he always looked at the negative side of everything.
언제나 부정적으로 생각했기 때문에

because he always complained about everything.
언제나 불평을 입에 달고 살았기 때문에

because he was always picky about everything.
언제나 까다로웠기 때문에

What I really love about my parents is that they always

제가 부모님에 대해 가장 좋아하는 것은 언제나 ~거예요

encourage
응원해 주시는

me.
저를

support
지지해 주시는

believe in
믿어 주시는

Most Americans tend to say hi to strangers on the street.

대부분의 미국인들은 길에서 만난 낯선 사람에게 인사를 해요.

Most people in Seoul don't seem to care about bumping shoulder on the street.

대부분의 서울 사람들은 길거리에서 어깨 부딪히는 것에 대해 신경을 안 쓰는 것 같아요.

They don't even look back and say sorry to each other on the street.

그들은 뒤돌아서 사과조차 하지 않아요.

A: **Do you have any pets?**
당신 애완동물이 있어요?

B: **Yeah, I have 3 puppies. They are like my new family.**
네, 강아지 세 마리 있어요. 그들은 저의 새로운 가족 같은 존재들이에요.

47 조언하기

461 **My child needs your advice.**
제 아이는 당신의 조언이 필요해요.

462 **May I ask your advice about my new job?**
제 새로운 직장에 대해서 조언 좀 해주실 수 있나요?

463 **He advised me to transfer to another branch.**
그는 제가 다른 지사로 옮기는 것이 좋을 것 같다고 조언해 줬어요.

464 **In my opinion, many Koreans seem to drink too much.**
제가 보기에는 한국인들이 술을 너무 많이 마시는 것 같아요.

465 **Korean society should do something about drinking issues.**
한국 사회는 음주 문제에 대해서 뭔가 조치를 취해야 해요.

466 **My physician suggests to me that I stop smoking.**
의사는 제게 흡연을 중단할 것을 제안했어요.

467 **You shouldn't spend too much time playing computer games.**
컴퓨터 게임에 시간을 너무 많이 쓰면 안 돼요.

468 **Looks like you are spending too much money on brand name bags.**
당신은 명품 가방에 돈을 너무 많이 쓰는 것 같아요.

469 **If you feel like quitting your job, you should talk to your boss first.**
일을 그만두고 싶으면 일단 상사와 먼저 얘기해 보세요.

470 **I don't think you should take it personally.**
당신이 개인적으로 받아들이지 말아야 한다고 생각해요.

Pattern Drills 어감이나 리듬에 맞춰 따라 말해봐요.

01

My child needs your advice.
제 아이는 당신의 조언이 필요해요.

I'd like you to give my son advice.
당신이 제 아들에게 조언을 해줬으면 좋겠어요.

Please, give a piece of advice to my daughter.
제발 제 딸에게 조언 좀 해주세요.

02

May I ask
구해도 될까요?

your advice about my new job?
제 새로운 직장에 대해서 조언 좀

your opinion about my future studies?
제 진학에 대한 의견을

your suggestion about my health?
제 건강에 대한 제안을

03

He advised me to
그는 조언해 줬어요

transfer to another branch.
제가 다른 지사로 옮기는 것이 좋을 것 같다고

study abroad.
제가 유학 가는 것이 좋을 것 같다고

cut down on drinking and smoking.
제가 술과 담배를 줄이는 게 좋을 것 같다고

04

In my opinion, many Koreans seem to
제 생각에는 한국인들이 ～같아 보여요

drink too much.
술을 너무 많이 마시는 것

have serious problems with binge drinking.
과음 문제가 있는 것

booze and go bar hopping every night.
매일 밤마다 과음하고 여러 술집을 전전하는 것

05

Korean society
한국 사회는

*should
해야 해요

ought to
해야 해요

has to
해야 해요

*should와 ought to : 제안 정도의 표현
have to : must와 정도가 같고 강한 표현

do something about drinking issues.
음주 문제에 대해서 뭔가를

06

My physician suggests to me that I stop
의사는 제게 ～중단할 것을 제안했어요

smoking.
흡연을

drinking.
음주를

skipping meals.
굶기를

07

You shouldn't spend too much time
시간을 너무 많이 쓰면 안 돼요

playing computer games.
컴퓨터 게임에

uploading pictures on SNS.
SNS에 사진을 올리는 데

texting and talking on your cell phone.
문자하고 통화하는 데

*현지에서는
Social Network
Service보다
Social Media가
더 많이 쓰인다.

08

Looks like you are spending too much money on
당신은 ～에 돈을 너무 많이 쓰는 것 같아요

brand name bags.
명품 가방

new gadgets.
새로운 기기

new clothes.
새 옷

09

If you feel like
~싶으면

quitting your job,
일을 그만두고

crying,
울고

drinking tonight,
오늘 밤에 술 마시고

you should

talk to your boss first.
일단 상사와 먼저 얘기해 보세요

let it out.
그냥 우세요

call me anytime.
언제든지 전화하세요

10

I don't think you should
당신이 ~말아야 한다고
생각해요

take it personally.
그것을 개인적으로 받아들이지

recommend the book to your students.
당신의 학생들에게 그 책을 추천하지

write a recommendation letter for him.
그에게 추천서를 써주지

Let's Talk

1 A: It's just a suggestion.
그저 제안일 뿐이에요.

B: Thanks for the advice. I'll keep in mind what you said to me.
충고 감사해요. 제게 해주신 조언 잊지 않을게요.

2 A: Hey, you never listen to what I say.
야, 너는 내가 하는 말을 항상 듣지 않아.

B: Who do you think you are? You are not my mom.
Just beat it!
네가 뭔데? 넌 내 엄마가 아니야. 꺼져!

A: Whatever you say.
네 맘대로 해.

471 I'm wondering if you can help me.
저를 도와주실 수 있나요?

472 Could you proofread my essay?
제 에세이를 교정해 주실 수 있나요?

473 It's very kind of you to do so.
그렇게 해 주셔서 정말 감사해요.

474 Is there anything I can do for you?
제가 도와드릴 게 있나요?

475 Yes. I'd be very grateful if you could assist me.
네. 저 좀 도와주신다면 정말 감사할 것 같아요.

476 My secretary told me that you wanted to talk to me about your promotion.
제 비서 말로는 당신이 저와 승진에 대해서 이야기 나누고 싶어 한다고 하던데요.

477 I'm sorry to interrupt you. When's the best time for you to see me in person?
방해해서 죄송합니다. 직접 볼 수 있는 가장 적당한 시간이 언제인가요?

478 You are not interrupting me or anything.
당신이 방해되거나 그러지 않아요.

479 You're always welcome in my office. I'm usually available between 2 and 4.
제 사무실 오시는 거 언제나 환영이에요. 저는 주로 2시에서 4시 사이에 시간이 비어요.

480 We'll always be thankful to you for everything.
우린 언제나 모든 것에 대해 당신께 감사할 거예요.

어감이나 리듬에 맞춰 따라 말해봐요.

01 

*I'm wondering if you can
당신이 ~수 있는지 궁금하네요

help me.
저를 도와줄

give me a hand.
저를 도와줄

help me with my presentation.
제가 발표하는 것을 도와줄

*I'm wondering = I wonder

02

Could you
~수 있나요?

proofread my essay?
제 에세이를 교정해 줄

take a look at my paper?
제 리포트를 한번 봐줄

check out my e-mails for me?
제 이메일 좀 대신 확인해 줄

03

It's very kind
정말 감사해요

It's very nice
정말 감사해요

It's so sweet
정말 감사해요

of you to do so.
그렇게 해 주셔서

04

Is there anything
~있나요?

I can do for you?
제가 도와드릴 게

you want me to help you with?
제가 해 드릴 것이

you would like to say to me?
저한테 하실 말씀이

Yes. I'd be very grateful if you could assist me.
네. 저 좀 도와주신다면 정말 감사할 것 같아요.

I'd really appreciate it if you sent me a refund.
환불해 주시면 정말 감사할 것 같아요.

I'd appreciate it if you would fax those documents *ASAP.
그 서류들을 최대한 빨리 팩스로 보내 주시면 정말 감사할 것 같아요.

*ASAP ⇨ as soon as possible의 약자

My secretary told me that you
제 비서 말로는 당신이 ~하던데요

wanted to talk to me about your promotion.
저와 승진에 대해서 이야기 나누고 싶어 한다고

needed my help.
저의 도움을 필요로 한다고

you would like me to write a recommendation letter for you.
저의 추천서를 원하신다고

I'm sorry to interrupt you. When's the best time for you to see me in person?
방해해서 죄송합니다. 직접 볼 수 있는 가장 적당한 시간이 언제인가요?

I'm sorry to bother you. When's the most convenient time for you to take a look at my *thesis?
방해해서 죄송합니다. 제 논문을 읽어보시기에 언제가 가장 좋으신가요?

Hey, buddy. Sorry to bug you. When can you help me with my homework?
야, 방해해서 미안해. 내 숙제 언제 도와줄 수 있어?

*thesis: 주로 석사 학위 논문(미국 기준, 영국은 박사)
 dissertation: 주로 박사 학위 논문(미국 기준, 영국은 석사)

You are not **interrupting me or anything.**
당신이 ~않아요 / 방해되거나 그러지

bothering me.
방해되지

bugging me.
방해되지

You're always welcome in my office.
제 사무실 오시는 거 언제나 환영이에요.

I'm usually available between 2 and 4.
저는 주로 2시에서 4시 사이에 시간이 비어요.

You can stop by my office during business hours.
근무 시간 아무 때나 제 사무실에 들르셔도 돼요.

But you should knock on the door, though.
하지만 먼저 노크해 주세요.

We'll always be thankful to you for **everything.**
우린 언제나 ~에 대해 감사할 거예요 / 모든 것

your help and support.
당신의 도움과 지지

what you've done.
당신이 해 준 것

Let's Talk

A: **When can you mail this letter for me?**
이 편지 언제 부칠 수 있나요?

B: **Don't worry. I'll take care of it the 1st thing in the morning.**
걱정 마세요. 아침에 일어나자마자 해결할게요.

Unit 49 여행 준비

481 I'd like to confirm my flight reservation.
비행기 표 예약을 확인하고 싶어요.

482 Could I cancel my flight?
비행기 예약을 취소할 수 있을까요?

483 I have a round-trip ticket.
왕복 티켓이 있어요.

484 I am wondering if there is any penalty for cancelling my reservation.
취소하는 데 위약금이 있는지 궁금해요.

485 I've got to visit the US embassy to get a new visa.
새 비자를 발급하기 위해 미국 대사관을 방문해야 해요.

486 You told me to remind you that you should go to the bank to exchange money.
당신은 은행 가서 환전해야 한다는 걸 잊지 마세요.

487 Thanks for telling me that. I almost forgot about it.
알려줘서 고마워요. 거의 잊을 뻔했어요.

488 What's the Canadian US dollar rate?
US 달러당 캐나다 달러가 얼마예요?

489 Have you asked the phone company for international phone plans?
통신 업체에 전화해서 국제 전화 플랜에 대해 문의했나요?

490 Sam is going to give me a ride to the airport.
샘이 저를 공항까지 데려다줄 거예요.

Pattern Drills 어감이나 리듬에 맞춰 따라 말해봐요.

01 **I'd like to**
~싶어요

confirm my flight reservation.
비행기 표 예약을 확인하고

cancel my reservation.
예약을 취소하고

change my departure date.
출발 날짜를 변경하고

02 **Could I**
~수 있을까요?

cancel my flight?
비행기 예약을 취소할

get a refund for the cancellation?
비행기 표 취소한 것을 환불할

change the departure date from June 16th to September 3rd?
출발 날짜를 6월 16일에서 9월 3일로 변경할

03 **I have**
~있어요

a round-trip ticket.
왕복 티켓이

a one-way ticket.
편도 티켓이

an open ticket.
오픈 티켓이

04 **I am wondering if**
~궁금해요

there is any penalty for cancelling my reservation.
취소하는 데 위약금이 있는지

there is any penalty for changing my reservation.
예약을 변경하는 데 위약금이 있는지

I should pay a penalty fee.
벌금을 내야 하는지

05

I've got to visit the US embassy to get a new visa.
새 비자를 발급하기 위해 미국 대사관을 방문해야 해요.

My US visa expired last year. I've got to get a new visa.
제 미국 비자가 작년에 만료됐어요. 새 비자를 발급받아야 해요.

My passport expired 2 years ago. I've got to apply for a new passport.
제 여권이 2년 전에 만료됐어요. 새 여권을 신청해야 해요.

06

You told me to remind you that you should
당신은 ~한다는 걸 잊지 마세요

go to the bank to exchange money.
은행 가서 환전해야

get travelers' checks.
여행자 수표를 받아야

get a visa card.
비자 카드를 발급받아야

07

Thanks for
고마워요

telling me that.
알려줘서

reminding me that.
상기시켜 줘서

mentioning that.
말해 줘서

I almost forgot about it.
거의 잊을 뻔했어요.

08

What's the Canadian US dollar rate?
US 달러당 캐나다 달러가 얼마예요?

I'd like to change 2,000 Canadian dollars into US dollars.
캐나다 2,000달러를 미국 달러로 바꾸고 싶어요.

Please, break these bills into tens and twenties.
지폐들을 10달러와 20달러로 바꿔 주세요.

Have you
~했나요?

asked the phone company for international phone plans?
통신 업체에 전화해서 국제 전화 플랜에 대해 문의

taken care of your phone bills?
전화비를 계산

had your phone disconnected?
전화기를 정지

Sam is going to
샘이 ~거예요

give me a ride to the airport.
저를 공항까지 데려다줄

give me a lift to the airport.
저를 공항까지 데려다줄

pick me up at the airport.
공항으로 저를 데리러 올

Let's Talk

1 A: Who is going to pick you up at the airport?
공항에 누가 데리러 오나요?

B: Jerry is going to pick me up.
제리가 올 거예요.

2 A: Australian Airlines, how may I help you?
호주 항공사입니다. 무엇을 도와드릴까요?

B: I'd like to know if I can have carry-on bags on board.
휴대용 수하물을 비행기에 가지고 들어가도 되는지 궁금해요.

A: You can carry up to 2 bags. But only one carry-on bag is free. You'll be charged $ 100 for the extra one.
두 개까지 허용돼요. 휴대용 가방 하나는 무료예요. 그다음부터는 100달러 내셔야 해요.

나라와 국적

491 **Where is your teacher from?**
당신 선생님은 어디 출신인가요?

492 **She is from New Zealand.**
그녀는 뉴질랜드에서 왔어요.

493 **What is your nationality?**
당신 국적이 어디인가요?

494 **I'm Korean.**
저는 한국 사람이에요.

495 **Russia is the largest nation by area in the world.**
러시아는 면적으로는 세계에서 가장 큰 나라예요.

496 **The most populated country in the world is China.**
세계에서 인구가 가장 많은 나라는 중국이에요.

497 **The US is the most powerful country in the world.**
미국은 세상에서 최고로 강력한 나라예요.

498 **You said you are from the US. Which part of the US are you from?**
당신은 미국에서 왔다고 했죠. 미국 어느 지역에서 오셨어요?

499 **Seoul is the capital city of South Korea.**
서울은 남한의 수도예요.

500 **China's economy is growing due to its comparatively cheap labor.**
비교적 저렴한 인건비 덕분에 중국의 경제는 성장하고 있어요.

01

Where is your teacher from?
당신 선생님은 어디 출신인가요?

Where are your friends from?
당신 친구들은 어디 출신인가요?

Where are you from?
당신은 어디 출신인가요?

02

She is from New Zealand.
그녀는 뉴질랜드에서 왔어요.

They are from India.
그들은 인도에서 왔어요.

I'm from Korea.
저는 한국에서 왔어요.

03

What is	**your**	**nationality?**
뭔가요?	당신	국적이
	your husband's	
	당신 남편의	
	your friend's	
	당신 친구의	

04

I'm Korean.
저는 한국 사람이에요.

He is American.
그는 미국 사람이에요.

She is Australian.
그녀는 호주 사람이에요.

05

Russia is the largest nation
러시아는 가장 큰 나라예요

by area in the world.
면적으로는 세계에서

Canada is the 2nd largest nation
캐나다는 두 번째로 큰 나라예요

China is the 3rd largest nation
중국은 세 번째로 큰 나라예요

06

The most populated country in the world is China.
세상에서 인구가 가장 많은 나라는 중국이에요.

The 2nd most populated country in the world is India.
세상에서 인구가 두 번째로 많은 나라는 인도예요.

The 3rd most populated country in the world is the US.
세상에서 인구가 세 번째로 많은 나라는 미국이에요.

07

The US is the most powerful country in the world.
미국은 세상에서 최고로 강력한 나라예요.

The US is politically and economically the most influential nation in the world.
미국은 정치적으로도 경제적으로도 세상에서 가장 영향력 있는 나라예요.

The US has super power over politics and economy in the international world.
미국은 국제적으로 정치와 경제 부분에 있어서 막강한 힘을 가지고 있어요.

08

You said you are from the US.
당신은 미국에서 왔다고 했죠.

Which part of the US
미국 어느 지역에서

are you from?
오셨어요?

Which area of the US
미국 어느 지역에서

Which state
어느 주에서

<table>
<tr><td>09</td><td>

Seoul
서울은

</td><td>

is the capital city of
~의 수도예요

</td><td>

South Korea.
남한

</td></tr>
<tr><td></td><td>

Washington DC
워싱턴 DC는

</td><td></td><td>

the US.
미국

</td></tr>
<tr><td></td><td>

Beijing
베이징은

</td><td></td><td>

China.
중국

</td></tr>
</table>

10

China's economy is growing due to its comparatively cheap labor.
비교적 저렴한 인건비 덕분에 중국의 경제는 성장하고 있어요.

India's economy is booming due to the country's technological growth.
과학 기술 성장 덕분에 인도 경제는 급속히 발전하고 있어요.

The international community is becoming closer due to SNS.
SNS 덕분에 국제 사회가 점점 밀접해지고 있어요.

Let's Talk

1 A: Which language is the most spoken around the world?
세상에서 가장 많이 사용되는 언어가 뭐예요?

B: Chinese is the most spoken language in 33 different nations. Take a look at this info. English is the 3rd most spoken language in 99 nations.
중국어가 33개국에서 가장 많이 사용되는 언어예요. 이것 좀 보세요. 영어는 99개국에서 세 번째로 가장 많이 쓰이는 언어예요.

2 A: Where are you from?
당신은 어디서 오셨어요?

B: I'm from Canada.
저는 캐나다에서 왔어요.

A: Whereabouts?
캐나다 어디요?

B: From Toronto. How about you?
토론토요. 당신은요?

6

일과 여가 활동 패턴

51 지리와 지형

501 Which side of the country are you from?
그 나라의 어느 지역에서 오셨어요?

502 I'm from the southern side of the country.
저는 이 나라의 남쪽 지역에서 왔어요.

503 What is the weather like in your area?
당신이 사는 지역의 날씨가 어떤가요?

504 The weather is usually rainy in the area I live.
제가 사는 지역은 주로 비가 와요.

505 To get to the place, you need to cross the stony hills.
그곳에 가려면, 당신은 돌이 많은 언덕을 건너가야 해요.

506 How far is the beach from the city?
도시에서 해변가는 얼마나 머나요?

507 The beach is about 3 miles from the city.
해변가는 도시에서 3마일 정도 떨어져 있어요.

508 How does the land change as you climb the mountain?
산을 오르면서 지형이 어떻게 변하나요?

509 The land becomes steeper as I climb the mountain.
산을 오르면서 땅이 점점 가팔라져요.

510 Where is the mountain located?
산이 어디에 위치해 있나요?

01

Which side
어느 지역

of the country are you from?
그 나라의 ～에서 오셨어요?

Which part
어느 지역

Which region
어느 지역

02

I'm from
저는 왔어요

the southern side of the country.
이 나라의 남쪽 지역에서

the North.
북쪽 지역에서

the eastern part of Mexico.
멕시코의 동쪽 지역에서

03

What is the weather like
닐씨가 어떤가요?

in your area?
당신이 사는 지역외

How is the weather
날씨는 어떤가요?

What kind of climate is it
기후는 어떤가요?

04

The weather is usually rainy
주로 비가 와요

in the area I live.
제가 사는 지역은

The weather is currently warm
요새 따뜻해요

It is humid
습기가 많아요

Chapter 6
일과 여가 활동 패턴

05

To get to the place, you need to
그곳에 가려면, 당신은 ~해요

cross the stony hills.
돌이 많은 언덕을 건너가야

climb the steep mountains.
가파른 산을 넘어야

cross the lake.
호수를 건너야

06

How far is the beach from the city?
도시에서 해변가는 얼마나 머나요?

How far is the mountain from here?
여기에서 산은 얼마나 머나요?

How long does it take from here to the lake?
여기에서 호수까지는 얼마나 머나요?

07

The beach is about 3 miles from the city.
해변가는 도시에서 3마일 정도 떨어져 있어요.

The mountain is just about 10 miles from here.
산은 여기서 10마일 정도 떨어져 있어요.

It takes about 5 minutes by car from here to the lake.
여기서 호수까지 차로 5분 정도 걸려요.

08

How does the land change
지형이 어떻게 변하나요?

as you climb the mountain?
산을 오르면서

as you travel eastward?
동쪽으로 여행하다 보면

as you go northward?
북쪽으로 가다 보면

09

The land becomes steeper as I climb the mountain.
산을 오르면서 땅이 점점 가팔라져요.

The land becomes drier, so I need to carry water with me all the time.
땅이 점점 건조해지기 때문에 항상 물을 가지고 다녀야 해요.

The land doesn't change much.
지형이 그다지 바뀌지는 않아요.

Where is the mountain located?
산이 어디에 위치해 있나요?

Can you tell me where the lake is located?
호수가 어디에 위치해 있는지 알려주실 수 있나요?

Is the lake located near here?
호수가 이 근처에 위치해 있나요?

Let's Talk

A: Hey, Esther. Which part of Mexico did you say you visited last time?
에스더. 당신 지난번에 멕시코 어디를 방문했다고 했죠?

B: The northern part. I don't really recommend visiting that area, though.
북쪽이요. 그런데 그렇게 추천하고 싶지는 않아요.

A: Why is that?
왜요?

B: It is so hot and dry most of the time.
날씨가 매우 덥고 건조해요.

학교 이야기

511 Most Korean children learn the Korean alphabet before entering elementary school.
대부분의 한국 아이들은 초등학교 입학 전에 한글을 배워요.

512 Children are vulnerable to what they see and listen to.
어린이들은 보고 듣는 것에서 상처받기 쉬워요.

513 Education plays a very important role in Korean society.
교육은 한국 사회에서 매우 중요한 역할을 해요.

514 School violence affects many students to leave secondary school.
학교 폭력은 많은 학생들이 중등학교를 떠나는 데 영향을 미쳐요.

515 What grade are you in?
몇 학년이죠?

516 I'm a 3rd grader.
초등학교 3학년이에요.

517 Where do you go to school?
어느 학교에 다니나요?

518 I go to Seoul middle school.
서울중학교 다녀요.

519 What do you major in?
전공이 뭐죠?

520 I major in education.
교육학을 전공해요.

어감이나 리듬에 맞춰 따라 말해봐요.

01

Most Korean children learn
대부분의 한국 아이들은 ~배워요

the Korean alphabet before entering elementary school.
초등학교 입학 전에 한글을

the English alphabet before starting the 3rd grade academic programs.
초등학교 3학년 교과 과정을 시작하기 전에 알파벳을

mathematics not only in public schools but also in private educational institutes.
공립 학교뿐 아니라 학원에서도 수학을

02

Children are vulnerable to what they see and listen to.
아이들은 보고 듣는 것에서 상처받기 쉬워요.

Children are easily affected by their parents or guardians.
아이들은 부모님이나 보호자로부터 쉽게 영향을 받아요.

Children must be protected from verbal and physical abuse.
아이들은 언어적, 신체적 학대로부터 반드시 보호 받아야만 해요.

03

Education plays a very important role
교육은 매우 중요한 역할을 해요

Social success is usually based on educational success
사회적 성공은 주로 교육적 성공에 기초해요

Many parents are obsessed with sending their children to renowned universities
많은 부모들이 자녀들을 유명 대학에 보내는 것에 강박적이에요

in Korean society.
한국 사회에서

School violence affects many students to
학교 폭력은 많은 학생들에게 ~하는 데 영향을 미쳐요

leave secondary school.
중등학교를 떠나도록

bully each other.
서로 왕따시키도록

get expelled from school.
학교에서 퇴학당하도록

06

What *grade are you in?
몇 학년이죠?

What year are you in?
몇 학년이죠?

What year is your daughter in?
당신 딸이 몇 학년이죠?

*grade는 초등학생한테 사용
 year는 중 · 고등 · 대학교에서 사용

07

I'm   a 3rd grader.
저는   3학년이에요

             a freshman in high school.
             고등학교 1학년이에요

             a sophomore in college.
             대학교 2학년이에요

08

Where do you go to school?
어느 학교 다니나요?

Which school do you go to?
어느 학교 다니나요?

Where did you go to school?
어느 학교 졸업했나요?

09

I go to Seoul middle school.
서울중학교 다녀요.

I go to the University of Texas at Austin.
오스틴에 있는 텍사스 대학교 다녀요.

I went to Columbia University.
콜롬비아 대학교를 졸업했어요.

10

What do you major in?
전공이 뭐죠?

What do you study?
무슨 공부를 해요?

What is your major?
전공이 뭐죠?

I major in education.
교육학을 전공해요.

I study economics.
경제학을 공부해요.

I'm a music major.
음악 전공이에요.

Let's Talk

1 A: Bill Gates is a college dropout, but he has become famous and successful.
빌 게이츠는 대학을 중퇴했어요. 그런데도 유명하고 성공했네요.

B: He is super smart. That's why he didn't have to finish college.
엄청 똑똑하니까요. 그래서 대학을 졸업할 필요가 없었던 거예요.

2 A: I hear that their son is a straight A student.
그 집 아들은 올 A 학생이래요.

B: Their daughter is the valedictorian in her class.
그 집 딸은 전교 일등이래요.

일과 직장

Basic Expressions

521 **Getting a decent job after college is a serious social issue here in Korea.**
대학 졸업 후 좋은 직장에 취업하는 것은 한국에서 심각한 사회 문제예요.

522 **Many college graduates become debtors without full time jobs as soon as they leave school.**
많은 대졸자들이 학교를 졸업하자마자 정규직이 되기 전에 채무자가 돼요.

523 **Is it true that many Korean college students postpone their graduation these days?**
한국의 많은 대학생들이 요새 졸업을 유예한다는 것이 사실인가요?

524 **The younger generation has to look on the bright future.**
젊은 세대는 밝은 미래를 봐야만 해요.

525 **I'm proud of what I do. I like my teaching job.**
내가 하는 일이 자랑스러워요. 가르치는 일이 좋아요.

526 **Celebrity is one of the most wanted careers in Korea in terms of money and fame.**
돈과 명성이라는 관점에서 연예인은 한국에서 가장 되고 싶어 하는 직업 중의 하나예요.

527 **My brother has been recently promoted.**
제 형은 최근에 승진됐어요.

528 **What line of work are you in?**
어떤 분야의 일을 하시나요?

529 **I'm in the General Affairs Team.**
저는 총무팀에서 일해요.

530 **My girlfriend has an ideal job with good working conditions.**
제 여자 친구는 노동 조건이 좋은 이상적인 곳에서 근무해요.

Pattern Drills 어감이나 리듬에 맞춰 따라 말해봐요.

01

Getting a decent job after college is
대학 졸업 후 좋은 직장에 취업하는 것은

> a serious social issue here in Korea.
> 한국에서 심각한 사회 문제예요
>
> not only Korea's problem.
> 한국만의 문제는 아니에요
>
> a serious international issue.
> 심각한 국제 문제예요

02

Many college graduates
많은 대졸자들이

> become debtors without full time jobs
> 정규직이 되기 전에 채무자가 돼요
>
> have to pay back school loans
> 학자금 대출을 갚아야 해요
>
> feel frustrated because of financial burdens
> 재정적 압박 때문에 좌절해요

as soon as they leave school.
학교를 졸업하자마자

03

Is it true that many Korean college students
한국의 많은 대학생들이 ~사실인가요?

> postpone their graduation these days?
> 요새 졸업을 유예한다는 것이
>
> want to have government jobs these days?
> 요새 공무원이 되길 원하는 것이
>
> want to work for global companies?
> 글로벌 기업에 취직하기를 원하는 것이

04

The younger generation has to
젊은 세대는 ~해요

look on the bright future.
밝은 미래를 봐야

survive in the dim future.
불투명한 미래에서 생존해야

face reality.
현실을 직시해야

05

I'm proud of what I do. I like
내가 하는 일이 자랑스러워요. 좋아요

my teaching job.
가르치는 일이

my physical labor job.
육체노동이

my nursing job.
간호하는 일이

06

Celebrity
연예인은

Medical doctor
의사는

School teacher
선생님은

is one of the most wanted careers
가장 되고 싶어 하는 직업 중의 하나예요

in Korea in terms of
한국에서 ~(이)라는 관점에서

money and fame.
돈과 명성

money and reputation.
돈과 명예

a job for life.
평생직장

07

My brother
제 형은

has been recently promoted.
최근에 승진됐어요

has recently got a promotion.
최근에 승진했어요

has recently got a raise.
최근에 연봉이 올랐어요

08

What line of work are you in?
어떤 분야의 일을 하시나요?

What department are you working in?
어떤 부서에서 일하시나요?

What team are you working in?
어떤 팀에서 일하시나요?

09

I'm in the
저는 ∼에서 일해요

General Affairs Team.
총무 팀

Human Recourses Team.
인사 팀

Customer Satisfaction Team.
고객 만족 팀

10

My girlfriend
제 여자 친구는

has an ideal job with good working conditions.
노동 조건이 좋은 이상적인 곳에서 근무해요

has a good paying job with a bonus plan.
특별 상여금도 주고 월급도 잘 주는 직장에서 근무해요

has an awesome job with lots of incentives and stock options.
인센티브와 스톡옵션을 많이 받는 굉장한 직장에서 근무해요

Let's Talk

1 A: Are you satisfied with your job?
직업에 만족하세요?

B: Not really. The pay is horrible. I have to constantly keep a budget.
아뇨. 월급이 쥐꼬리만 해서 항상 허리띠를 졸라매야 해요.

2 A: Which department are you in?
어떤 부서에서 근무하시죠?

B: I'm in the International Development Department.
해외 사업부요.

531 **Many Korean immigrants work in factories in the US and Canada.**
많은 한국 이민자들이 미국과 캐나다의 공장에서 일해요.

532 **Just like other advanced countries, the agriculture industry used to be Korea's primary industry.**
다른 선진국들처럼 농업이 한국의 주산업이었어요.

533 **Many Chinese and other Asian workers come to Korea to achieve their dreams.**
많은 중국인들과 아시아인들이 꿈을 이루기 위해 한국으로 와요.

534 **Germany is known for its famous brand name cars.**
독일은 유명한 명품 차로 알려졌어요.

535 **What is the major industry of Korea?**
한국의 주산업은 뭐죠?

536 **The auto industry is the major industry of Korea.**
자동차 산업이 한국의 주산업이에요.

537 **It is said that Brazil's jungles are disappearing.**
브라질의 정글이 사라지고 있다고 해요.

538 **China's industrialization has caused domestic social issues.**
중국의 산업화는 국내 사회 문제들을 야기했어요.

539 **IT is one of Korea's primary industries.**
IT는 한국의 주산업 중 하나예요.

540 **In Gangwon Province, people grow corn and potatoes.**
강원도에서는 옥수수와 감자를 재배해요.

어감이나 리듬에 맞춰 따라 말해봐요.

01

Many Korean immigrants work in factories in the US and Canada.
많은 한국 이민자들이 미국과 캐나다의 공장에서 일해요.

A lot of Southeast Asian immigrant workers come to Korea.
많은 동남아 이주 노동자들이 한국으로 와요.

The 1st generation of Korean immigrant workers went to Hawaii.
한국의 이민자 1세대들이 하와이로 갔어요.

02

Just like other advanced countries,
다른 선진국들처럼

the agriculture industry used to be Korea's primary industry.
농업이 한국의 주산업이었어요.

China is becoming an industrialized nation.
중국은 산업국이 되고 있어요.

India is becoming more urbanized.
인도는 점점 더 도시화되고 있어요.

03

Many Chinese and other Asian workers come to Korea to achieve their dreams.
많은 중국인들과 아시아인들이 꿈을 이루기 위해 한국으로 와요.

Many advanced countries have their manufacturing plants in China to make more profits by using cheaper labor.
많은 선진국의 산업 공장들이 값싼 노동력으로 이윤을 남기기 위해 중국에 있어요.

Many Korean college students work in Australian farms to learn English and earn money.
많은 한국 대학생들이 영어를 배우고 돈도 벌고 싶어서 호주 농장에서 일해요.

04

Germany 독일은	is known for ~로 알려졌어요	its famous brand name cars. 유명한 명품 차로
Finland 핀란드는		its famous pulp and lumber. 유명한 펄프와 목재로
France 프랑스는		its famous wine. 유명한 포도주로

05

What is the major industry of ~의 주산업은 뭐죠?	Korea? 한국
	Daegu? 대구
	Pohang? 포항

06

The auto industry 자동차 산업이	is the major industry of ~의 주산업이에요	Korea. 한국
The textile industry 섬유 산업이		Daegu. 대구
The steel industry 철강 산업이		Pohang. 포항

07

It is said that ~해요	Brazil's jungles are disappearing. 브라질의 정글이 사라지고 있다고
	China's desertification is getting worse. 중국의 사막화가 점점 심해지고 있다고
	yellow dust is threatening Koreans' health. 황사가 한국인들의 건강을 위협하고 있다고

China's industrialization
has caused
중국의 산업화는 ~야기했어요

domestic social issues.
사회 문제들을

environmental issues.
환경 문제들을

international issues.
국제 문제들을

09

IT is one of Korea's primary industries.
IT는 한국의 주산업 중 하나예요.

Dairy farming is Denmark's primary industry.
낙농업은 덴마크의 주산업이에요.

Agriculture is Myanmar's primary industry.
농업이 미얀마의 주산업이에요.

10

In Gangwon Province, people grow corn and potatoes.
강원도에서는 옥수수와 감자를 재배해요.

In my neighborhood, people grow cattle.
제가 사는 지역에서는 소 떼를 키워요.

In New Zealand, people raise sheep and horses.
뉴질랜드에서는 양과 말을 키워요.

Let's Talk

A: My nephew called me from New Zealand this morning. He said that he learned a new word at school.
오늘 아침 뉴질랜드에서 조카가 전화했어요. 학교에서 새로운 단어를 배웠다고 하더라고요.

B: What did he say?
뭔데요?

A: His teacher told him that his father is not a farmer in New Zealand. His father is a vegetable grower. A person who grows vegetables in New Zealand is called a vegetable grower.
조카네 선생님이 뉴질랜드에서는 제 동생이 농부가 아니라고 했대요. 채소 재배자라고 했대요. 뉴질랜드에서는 채소를 기르는 사람을 채소 재배자라고 하는 거죠.

Unit 55 여가 시간 보내기

541 The younger generation tries to spend more time for themselves.
젊은 세대는 자신을 위해 더 많은 시간을 보내려고 노력해요.

542 What are your hobbies?
취미가 뭐예요?

543 My hobbies are travelling and playing sports.
제 취미는 여행과 스포츠예요.

544 Travelling helps me relieve stress.
여행은 스트레스 해소를 도와요.

545 Modern people need to learn how to relax.
현대인들은 쉬는 법을 배워야 해요.

546 What do Koreans usually do during their free time?
한국인들은 여가 시간에 주로 뭐하나요?

547 In my opinion, many Koreans seem to sleep a lot during their free time.
제가 보기에는 많은 한국인들이 여가 시간에 잠을 많이 자는 것 같아요.

548 I didn't expect that my hobby would turn into my new career.
저는 제 취미가 새로운 직업이 될 거라고 예상하지 못했어요.

549 Learning a musical instrument costs a lot of money.
악기를 배우는 것은 돈이 많이 들어요.

550 I'm a creative person. I like crafts and love doing things with my hands.
저는 창의적이에요. 공예를 좋아하고 손으로 만드는 것을 좋아해요.

01

The younger generation tries to spend
젊은 세대는 보내려고 노력해요

more time for themselves.
자신을 위해 더 많은 시간을

more time with their partners.
자신의 동반자와 더 많은 시간을

more money for themselves.
자신을 위해 더 많은 돈을

02

What are   **your hobbies?**
뭐예요?   취미가

your interests?
관심사가

you interested in?
관심사가

03

My hobbies are travelling and playing sports.
제 취미는 여행과 스포츠예요.

My interests are dancing and singing.
제 관심사는 춤과 노래예요.

I am interested in learning foreign languages.
외국어 배우는 것에 관심 있어요.

04

Travelling   **helps me relieve stress.**
여행은   스트레스 해소를 도와요

Doing yoga
요가하는 것은

Playing the piano
피아노 치는 것은

05

Modern people need to learn how to
현대인들은 ~법을 배워야 해요

relax.
쉬는

enjoy their lives.
인생을 즐기는

take a rest.
휴식하는

06

What do | Koreans | usually do | during their free time?
뭐 하나요? | 한국인들은 | 주로 | 여가 시간에

Americans | | in their pastime?
미국인들은 | | 여가 시간에

Canadians | | in their leisure time?
캐나다인들은 | | 여가 시간에

07

In my opinion, many Koreans seem to
제 생각에는 많은 한국인들이 ~같아 보여요

sleep a lot during their free time.
여가 시간에 잠을 많이 자는 것

watch movies in their pastime.
여가 시간에 영화를 보는 것

spend time with their family in their leisure time.
여가 시간에 가족과 시간을 보내는 것

08

I didn't expect that
저는 예상하지 못했어요

my hobby would turn into my new career.
제 취미가 새로운 직업이 될 거라고

my husband would take up golfing.
제 남편이 골프를 취미로 시작할 거라고

my mother would keep learning calligraphy.
제 어머니가 서예를 계속 배우실 거라고

Learning a musical instrument
악기를 배우는 것은

costs a lot of money.
많은 돈이 들어요

needs a lot of effort.
많은 노력이 요구돼요

needs a lot of time.
많은 시간이 요구돼요

10

I'm a creative person. I like crafts and love doing things with my hands.
저는 창의적이에요. 공예를 좋아하고 손으로 만드는 것을 좋아해요.

I'm an outgoing person. I like socializing and hanging out with friends.
저는 외향적이에요. 친구 사귀고 어울리는 것을 좋아해요.

I'm an active person. I enjoy being physically active, and spend lots of time playing sports.
저는 활동적이에요. 신체 활동을 즐기고, 운동하면서 많은 시간을 보내요.

Let's Talk

1 A: What do you like to do in your free time?
당신은 여가 시간에 뭐하는 것을 좋아해요?

B: These days I'm really into creative writing. I find writing poems and novels relaxing. I can get my mind off my work while focusing on writing.
요즘 문예 창작에 빠졌어요. 시 쓰고 소설 쓰는 것이 마음을 편안하게 해줘요. 글쓰기에 집중하면 제 일을 잊을 수 있어요.

2 A: Do you have any special interests other than your job?
일 말고 특별한 관심사가 있나요?

B: I've gotten interested in playing soccer with my co-workers.
동료들과 축구하는 것에 재미를 붙였어요.

Unit 56 운동과 스포츠

551 **Nowadays, people are getting more interested in outdoor activities.**
요즘, 사람들은 점점 실외 활동에 더 관심을 가져요.

552 **Outdoor sportswear is popular among Koreans.**
실외 운동복은 한국 사람들에게 인기가 있어요.

553 **What do you do to keep in shape? You look really fit.**
몸매를 어떻게 유지하세요? 당신 정말 몸매 좋아 보여요.

554 **I work out at least 2 hours a day, 4 days a week.**
저는 최소 하루 2시간씩, 주 4일 운동해요.

555 **My personal trainer makes me run on the treadmill for 45 minutes every day.**
제 트레이너는 매일 45분씩 런닝 머신에서 뛰게 시켜요.

556 **I'm working on my abs these days. I have a beer belly to get rid of.**
저는 요즘 복근 운동하고 있어요. 똥배 빼야 해요.

557 **Should I work out today if I'm still sore from yesterday's workout?**
어제 한 운동 때문에 근육통이 있는데 오늘 운동해야 하나요?

558 **When I was in college, billiards was considered decadent here in Korea.**
제가 대학 다닐 때는 한국에서 당구가 퇴폐적인 것으로 인식되었어요.

559 **Last night I watched a mixed martial arts match. The fight was so exciting.**
어젯밤 종합 격투기를 봤어요. 경기가 신났어요.

560 **The soccer match was tied 1 to 1 last night.**
어젯밤 축구 경기가 1:1 동점이었어요.

01

Nowadays, people are getting more interested in
요즘, 사람들은 점점 더 관심을 가져요

outdoor activities.
실외 활동에

outdoor sports.
실외 운동에

hiking.
하이킹에

02

Outdoor sportswear is
실외 운동복은

popular among Koreans.
한국 사람들에게 인기가 있어요

selling well in the Korean market.
한국 시장에서 판매량이 증가하고 있어요

relatively more expensive in Korea than in other countries.
다른 나라보다 한국에서 가격이 비교적 비싼 편이에요

03

What do you do to keep in shape? You look really
몸매 유지 어떻게 하세요? 당신 정말 ~보여요

fit.
몸매 좋아

healthy.
건강해

great.
좋아

04

I work out at least 2 hours a day, 4 days a week.
저는 최소 하루 2시간씩, 주 4일 운동해요.

I exercise at the gym at least 40 minutes a day, from Monday to Friday.
저는 월요일부터 금요일까지 최소 하루 40분씩 체육관에서 운동해요.

I go jogging at least 3 days a week.
저는 최소 주 3일 조깅해요.

My personal trainer makes me
제 트레이너는 시켜요

run on the treadmill for 45 minutes   **every day.**
45분씩 러닝 머신에서 뛰게   매일

do 50 sit-ups and push-ups
50번씩 윗몸 일으키기와 팔 굽혀 펴기를 하게

lift dumbbells
아령 들기를

I'm working on   my abs   these days.
저는 운동하고 있어요   복근   요즘

my butt
엉덩이

my muscles
근육 만들기

I have a beer belly to get rid of.
똥배 빼야 해요.

I have a saggy butt.
엉덩이가 축 쳐졌어요.

I have flabby arms.
팔 근육이 없어 축 쳐졌어요.

Should I work out today if   I'm still sore
오늘 운동해야 하나요?   근육통이 있는데

my muscles are still sore
근육통이 있는데

I have muscle soreness
근육통이 있는데

from yesterday's workout?
어제 한 운동 때문에

08

When I was in college,
내가 대학 다닐 때

billiards
당구가

was considered
인식됐어요

skiing
스키가

dancing
춤이

decadent
퇴폐적이라고

here in Korea.
한국에서는

to be rich people's winter sports
부자들이 하는 겨울 운동으로

to be a sport only for women
오직 여성들만을 위한 운동으로

09

Last night I watched a mixed martial arts match.
어젯밤 종합 격투기를 봤어요.

The fight
경기가

was so exciting.
신났어요

was so ferocious.
격렬했어요

was called the Fight of the Century.
세기의 대결이라 불렸어요

10

The soccer match
축구 경기가

was tied 1 to 1 last night.
어젯밤 1:1 동점이었어요

ended up in a draw yesterday.
어제 동점으로 끝났어요

was really close in the beginning.
초반에는 막상막하였어요

신문, 잡지, 인터넷

Basic Expressions

561 **How will you advertise to sublease your apartment?**
당신 아파트를 재임대하는 것을 어떻게 광고하실 거예요?

562 **I will advertise by putting ads up on the school board.**
학교 게시판에 광고하려고요.

563 **Has anyone contacted you about the ads you posted?**
당신이 낸 광고에 대해 문의하는 사람 있었나요?

564 **I got a reply to my ads from a university student.**
어떤 대학생한테 연락을 받았어요.

565 **My mother is a fast reader. She just glances at the headlines.**
제 어머니는 속독가세요. 제목만 슬쩍 보세요.

566 **Most online articles are so trashy, I think.**
제 생각에 대부분의 인터넷 기사는 정말 쓰레기예요.

567 **Are you still paying for a subscription to the magazine? There are many free websites.**
아직도 잡지를 유료 구독하세요? 많은 무료 웹사이트가 있어요.

568 **There are tons of useful sources online.**
온라인에는 유용한 자료가 상당히 많이 있어요.

569 **Social Network Service is not surprising anymore.**
SNS는 더 이상 놀랍지 않아요.

570 **SNS can be a new dangerous tool to bully peers.**
SNS는 또래 집단에서 왕따를 조장하는 새로운 위험한 도구로 사용될 수 있어요.

01

How will you advertise to
어떻게 광고하실 거예요?

sublease your apartment?
당신 아파트를 재임대하는 것을

find roommates?
룸메이트 찾는 것을

sell your furniture?
가구 파는 것을

02

I will advertise
광고하려고요

by putting ads up on the school board.
학교 게시판에

by uploading posts on Facebook.
페이스북에 올리는 방식으로

by making posters.
포스터를 만들어서

03

Has anyone contacted you
문의하는 사람 있었나요?

about the ads you posted?
당신이 낸 광고에 대해

Has someone called you
문의하는 사람 있었나요?

Have you got any phone calls
문의하는 사람 있었나요?

04

I got
받았어요

a reply to my ads from a university student.
어떤 대학생한테 연락을

three phone calls to my ads about the laptop.
노트북에 대해 문의하는 전화 3통을

five responses to my ads from business owners.
자영업자들한테 5번 연락을

 **05**

My mother is a fast reader.
She just glances at
제 어머니는 속독가세요. 슬쩍 보세요

the headlines.
제목만

the cover story.
표지 기사만

the front page.
첫 페이지만

 **06**

Most online articles are so
대부분의 인터넷 기사는 정말

trashy,
쓰레기예요

I think.
제 생각에는

cheap,
싸구려예요

tacky,
싸구려예요

07

Are you still paying for a subscription to
아직도 유료 구독하세요?

the magazine?
잡지를

the newspaper?
신문을

the cartoons?
만화를

There are many free
많은 무료 ～가 있어요

websites.
웹사이트

online sites.
온라인 사이트

webtoon sites.
웹툰 사이트

There are tons of
상당히 많은 ~있어요

useful sources
유용한 자료가

online.
온라인에는

free educational programs
무료 교육 프로그램이

free academic lectures
무료 강의가

09

Social Network Service is not surprising anymore.
SNS는 더 이상 놀랍지 않아요.

SNS has helped people find their long lost friends or families.
SNS는 연락이 끊겼던 친구나 가족을 찾게 도와줘요.

YouTube has made some infamous people famous.
유튜브는 유명하지 않은 사람을 유명하게 만들었어요.

10

SNS can be a new dangerous tool
SNS는 새로운 위험한 도구로 사용될 수 있어요

to bully peers.
또래 집단에서 왕따를 주장하는

for criminals to use.
범죄자들에게

for hackers to hack personal information.
해커들이 개인 정보를 유출해 갈 수 있는

Let's Talk

A: Are you still looking for a baby-sitter?
아직도 보모를 찾나요?

B: Yes, but I haven't heard anything from anybody. I guess I'll have to advertise on the advertising website.
네, 그런데 아무 데서도 연락받지 못했어요. 광고 사이트에 광고를 올려야 할 것 같아요.

TV 이야기

571 I enjoy watching music audition programs.
저는 음악 오디션 프로그램을 즐겨 봐요.

572 The TV is too loud. Turn that racket down.
TV 소리가 너무 커요. 소음 좀 줄여 주세요.

573 Is this music audition program live?
이 음악 오디션 프로그램이 생방송인가요?

574 The announcer's pronunciation was not clear enough.
아나운서의 발음이 정확하지 않았어요.

575 My parents want to buy a flat screen TV.
제 부모님은 벽면 스크린 TV를 사기를 원하세요.

576 The teachers gave us permission to watch CNN at school.
선생님들께서 우리가 CNN 채널을 학교에서 볼 수 있게 허락하셨어요.

577 I love watching TV after a hard day of work.
저는 고된 일과 후에 TV 시청하는 것을 좋아해요.

578 I got an autograph from my favorite singer.
제가 제일 좋아하는 가수한테 싸인 받았어요.

579 The Korean wave is becoming more popular around the world.
한류는 점점 더 전 세계적으로 인기가 높아지고 있어요.

580 The Internet has affected the TV business in many ways.
인터넷은 다방면으로 TV 산업에 영향을 미쳤어요.

01

I enjoy watching
저는 즐겨 봐요

music audition programs.
음악 오디션 프로그램을

dance audition programs.
춤 오디션 프로그램을

celebrities' reality shows.
연예인들의 리얼리티 쇼를

02

The TV is too loud. Turn that racket down.
TV 소리가 너무 커요. 소음 좀 줄여 주세요.

Turn the volume down. There is too much noise.
소리 좀 줄여 주세요. 시끄러워요.

Turn down the volume. It's too noisy.
소리 좀 줄여 주세요. 시끄러워요.

03

Is this music audition program live?
이 음악 오디션 프로그램이 생방송인가요?

Is this music audition program a rerun?
이 음악 오디션 프로그램이 재방송인가요?

Is the dance audition program that I usually watch on air right now?
제가 주로 보는 춤 오디션 프로그램 지금 방송 중인가요?

04

The announcer's pronunciation
아나운서의 발음이

was not clear enough.
정확하지 않았어요

The sound
소리가

Her voice
그녀의 목소리가

05

My parents 제 부모님은	want to buy 사기를 원하세요	a flat screen TV. 벽면 스크린 TV를
My grandparents 제 조부모님은		a 43 inch screen TV. 43인치 TV를
My aunts 제 이모들은		a projection screen. 프로젝트 스크린을

06

The teachers gave us permission to watch CNN at school.
선생님들께서 우리가 CNN 채널을 학교에서 볼 수 있게 허락하셨어요.

My mother lets me watch only BBC at home.
저희 어머니는 집에서 오직 BBC 채널만 보라고 하세요.

My father only watches ABC during his leisure time.
아버지는 여가 시간에 오직 ABC 채널만 보세요.

07

I love watching TV after a hard day of work.
저는 고된 일과 후에 TV 시청하는 것을 좋아해요.

My sister enjoys listening to the radio when she has nothing else to do.
제 동생은 할 일 없을 때 라디오 듣는 것을 즐겨요.

My father usually has the sports channel on even when he is not watching it.
저의 아버지는 스포츠 채널을 시청하지 않을 때도 주로 그 채널을 켜 놓으세요.

08

I got an autograph from my favorite 제가 제일 좋아하는 ~한테 싸인 받았어요	singer. 가수
	announcer. 아나운서
	actor. 배우

The Korean wave is becoming more popular around the world.
한류는 점점 더 전 세계적으로 인기가 높아지고 있어요.

Korean soap operas are becoming more immoral.
한국 연속극은 점점 더 비도덕적으로 흘러가요.

Korean dramas are losing their literary value.
한국 드라마는 점점 더 문학적 가치를 잃어가고 있어요.

10

The Internet has affected the TV business in many ways.
인터넷은 다방면으로 TV 산업에 영향을 미쳤어요.

The Internet has made modern people watch TV less.
인터넷은 현대인들이 TV를 덜 시청하는 데 일조했어요.

Internet use has exceeded TV time in Korea.
한국에서는 인터넷 사용 시간이 TV 시청 시간을 초과했어요.

Let's Talk

1 A: I can't stand it any longer. My upstairs neighbor always turns on the TV too loud.
더 이상 참을 수가 없어요. 윗집 사람 항상 TV를 너무 크게 켜 놔요.

B: Don't rock the boat. Noise between floors is a very sensitive issue nowadays. The issue often leads to horrible crimes.
괜히 문제 일으키지 마세요. 요즘 층간 소음이 매우 예민한 문제예요. 종종 끔찍한 범죄로 이어지기도 해요.

2 A: I love this radio channel but I can't hear it clearly.
이 라디오 채널 좋아하는데 잘 안 들리네요.

B: Be patient until we get out of the tunnel. There is too much static now.
터널 지날 때까지 조금만 참으세요. 지금 잡음이 너무 많아서 그래요.

Basic Expressions

581 **I prefer jazz to classical music.**
나는 클래식 음악보다 재즈를 선호해요.

582 **I am majoring in musical theatre.**
나는 뮤지컬을 전공하고 있어요.

583 **I've learned how to play the piano since I was eight.**
나는 피아노를 여덟 살 때부터 배우고 있어요.

584 **I have always wanted to be a singer.**
나는 항상 가수가 되고 싶었어요.

585 **He has good taste in music.**
그 남자는 음악적 취향이 고상해요.

586 **Sister Act is one of the best music movies.**
영화 〈시스터 액트〉는 최고의 음악 영화 중 하나예요.

587 **What is Korea's representative folk song?**
한국의 대표적인 민요는 무엇인가요?

588 **She is tone-deaf.**
그녀는 음치예요.

589 **Who is the most renowned writer in your country?**
당신 나라에서 가장 유명한 작가는 누구인가요?

590 **Mr. Mun Yeol Lee is the greatest writer of our times.**
이문열 선생은 우리 시대 작가 최고의 작가예요.

Pattern Drills 어감이나 리듬에 맞춰 따라 말해봐요.

01

I prefer
나는 선호해요

jazz to classical music.
클래식 음악보다 재즈를

folk songs to blues.
블루스보다 포크송을

popular music to religious music.
종교 음악보다 대중음악을

02

I am majoring in
나는 전공하고 있어요

musical theatre.
뮤지컬을

composition.
작곡을

music education.
음악 교육을

03

I've learned how to play
나는 배우고 있어요

the piano
피아노를

the violin
바이올린을

the guitar
기타를

since I was eight.
여덟 실 때부터

04

I have always wanted to be
나는 항상 되고 싶었어요

a singer.
가수가

a composer.
작곡가가

a violinist.
바이올리니스트가

05

He has
그 남자는

good
고상해요

taste in music.
음악적 취향이

terrible
형편없어요

weird
이상해요

06

Sister Act
영화 〈시스터 액트〉는

is one of the best
최고의 ～중 하나예요

Madame Butterfly
나비 부인은

The Phantom of the Opera
오페라의 유령은

music movies.
음악 영화

operas.
오페라

musicals.
뮤지컬

07

What is
무엇인가요?

Korea's
한국의

representative folk song?
대표적인 민요는

China's
중국의

Japan's
일본의

08

She is
그녀는

tone-deaf.
음치예요

illiterate.
문맹이에요

computer-illiterate.
컴맹이에요

09

Who is the most renowned
누가 가장 유명한 ~인가요?

writer
작가

novelist
소설가

poet
시인

in your country?
당신 나라에서

10

Mr. Mun Yeol Lee is the greatest writer
이문열 선생은 최고의 작가예요

The late Ms. Wan Suh Park is the greatest novelist
고 박완서 선생은 최고의 소설가예요

Mr. Go Eun is the greatest poet
고은 선생은 최고의 시인이에요

of our times.
우리 시대의

Let's Talk

A: Isn't the publishing business in decline?
출판 사업이 사양길로 접어든 것 같지 않아요?

B: Looks like it is. People tend to read eBooks more than paper books.
그런 것 같아요. 사람들은 종이책보다 전자책을 더 많이 읽는 경향이 있으니까요.

A: Not only that. People tend to get hooked on playing games on their cell phones more than reading.
그뿐 아니죠. 사람들은 독서보다 휴대폰으로 게임하는 것에 더 빠지는 경향이 있어요.

편지에 관한 표현

591 **I will write you about the details later on.**
자세한 내용은 나중에 서신으로 알려 드릴게요.

592 **I am so happy to hear from you.**
소식을 듣게 되어 정말 기쁩니다.

593 **I'm sorry that I haven't written you back for a long time.**
오랫동안 답장 드리지 못해 죄송해요.

594 **I am writing in reply to your e-mail requesting further information on our new products.**
저는 저희 신제품에 관해 추가 정보를 요청하신 귀하의 이메일에 답하고자 편지를 씁니다.

595 **Thanks for the letter dated December 18.**
12월 18일 보내 주신 편지에 감사드려요.

596 **Please, give my best wishes to your parents.**
당신 부모님에게 안부 전해주세요.

597 **I'd like to keep in touch with you.**
당신과 계속 연락하고 싶어요.

598 **I will be looking forward to hearing from you soon.**
회신을 기다리겠습니다.

599 **I will stop here for today.**
이만 줄일게요.

600 **You can use United Parcel Service.**
UPS를 사용하셔도 돼요.

01

I will write you about the details later on.
자세한 내용은 나중에 서신으로 알려 드릴게요.

I will email you soon.
곧 이메일을 보낼게요.

I will drop you a line if I get to Paris.
파리에 도착하면 편지 쓸게요.

02

I am so happy | to hear from you.
정말 기쁩니다 | 소식을 듣게 되어

I am so glad
정말 좋군요

It's good
좋군요

03

I'm sorry | that I haven't written you back for a long time.
죄송해요 | 오랫동안 답장 드리지 못해

that it's taken me so long to write you back.
오랫동안 답장 드리지 못해

for the late reply.
답장이 늦어

04

I am writing
저는 편지를 씁니다

in reply to your e-mail requesting further information on our new products.
저희 신제품에 관한 추가 정보를 요청하신 귀하의 이메일에 답하고자

to inform you that your payment is now overdue.
귀하의 납부금이 연체가 되었음을 알리고자

to apologize for shipping the wrong order.
주문하신 상품을 잘못 배송한 것에 사과하고자

05

Thanks for
감사드려요

the letter dated December 18.
12월 18일자 편지에

the letter you sent me on May, 30th.
5월 30일 보내신 편지에

the reply.
답장 주셔서

06

Please

give my best wishes to your parents.
당신 부모님에게 안부 전해 주세요

give my best regards to your parents.
당신 부모님에게 안부 전해 주세요

say hello to your parents for me.
당신 부모님에게 안부 전해 주세요

07

I'd like to
~ 싶어요

keep in touch with you.
당신과 계속 연락하고

get in touch with you.
당신과 계속 연락하고

email you.
당신께 이메일 드리고

08

I will be looking forward to hearing from you soon.
회신을 기다리겠습니다.

I will be waiting for your reply.
답장을 기다리겠습니다.

I hope to hear from you soon.
다시 연락되길 기대하겠습니다.

09

I will stop here for today.
이만 줄일게요.

I will get back to you soon.
다시 연락할게요.

I gotta go now.
이만 줄일게요.

10

You can
~돼요

use United Parcel Service.
UPS를 사용하셔도

use the registered letter.
등기 우편을 사용하셔도

scan the letter and email it.
편지를 스캔해서 이메일로 보내도

Let's Talk

1 A: Do you ever write letters? I haven't written letters since I was In kindergarten. I don't even use email.
손 편지 쓰세요? 저는 유치원 이후로 손 편지 쓴 적이 없어요. 저는 이메일도 사용 안 해요.

B: I know. I just text a lot.
알아요. 저는 문자를 많이 해요.

2 A: Welcome to the 21st century, Dad. Now you are using a smart phone.
21세기에 오신 것을 환영해요, 아빠. 이제야 스마트폰을 사용하시네요.

B: I couldn't help it. My friends have kept nagging me to buy this new technology.
어쩔 수 없었어. 친구들이 새 기계를 사라고 계속 잔소리했거든.

A: From now on, you will be able to check your emails on your phone. Even attached files.
이제부터 휴대폰으로 이메일도 확인할 수 있겠네요. 첨부 파일도요.

영어회화 1800

저 자 Gloria Won
발행인 고본화
발 행 탑메이드북
2026년 01월 15일 초판 1쇄 인쇄
2026년 01월 20일 초판 1쇄 발행
홈페이지 www.bansok.co.kr
이메일 bansok@bansok.co.kr
블로그 blog.naver.com/bansokbooks

07547 서울시 강서구 양천로 583. B동 1007호
        (서울시 강서구 염창동 240-21번지 우림블루나인 비즈니스센터 B동 1007호)
대표전화 02) 2093-3399 **팩 스** 02) 2093-3393
출 판 부 02) 2093-3395 **영업부** 02) 2093-3396
등록번호 제315-2008-000033호

ISBN 978-89-7172-123-0 (13740)